중세
중세는 암흑시대인가?

민음 지식의 정원 서양사편

003

중세는
암흑시대인가?

박용진

민음인

차례

머리말 중세는 암흑시대인가?   6

1 **중세는 어떻게 시작되었나?**   11
   중세는 언제부터 언제까지인가?
   게르만 족은 로마를 어떻게 멸망시켰을까?
   게르만 족은 왜 침입했을까?
   게르만 족들은 어떤 나라를 세웠나?
   중세 유럽은 어떻게 기독교 세계가 되었나?
   바이킹은 어떤 종족인가?

2 **봉건 사회란 무엇인가?**   35
   봉건 사회는 어떻게 형성되었나?
   기사는 어떤 사람인가?
   중세의 성은 어떤 역할을 했나?
   영주와 농노는 어떤 사람인가?
   중세 농노는 어떻게 살았을까?

3 **중세 사회는 어떻게 발전했을까?**   53
   십자군은 성전인가?
   물품의 교환은 어떻게 이루어졌나?
   어떤 사람이 상업에 종사했나?
   중세 도시민은 농노가 아니었나?
   길드란 무엇인가?
   도시는 어떤 모습이었을까?

4 중세 유럽은 기독교 세계였을까? 77

기독교의 영향력은 어느 정도였을까?
교육과 문화 분야에 기독교는 어떤 영향을 끼쳤을까?
건축 분야에 기독교는 어떤 영향을 끼쳤을까?

5 흑사병은 중세의 삶을 어떻게 변화시켰을까? 89

흑사병으로 얼마나 많은 사람들이 죽었을까?
흑사병은 중세인들의 삶에 어떤 영향을 끼쳤을까?
교황과 교회의 권위는 어떻게 실추되었을까?

6 백 년 전쟁은 어떤 변화를 가져왔을까? 101

백 년 전쟁은 왜 일어났을까?
중세 말에는 어떻게 싸웠을까?
잔 다르크는 어떻게 등장했을까?
중앙 집권적 국가는 어떻게 출현하게 되었을까?
중세는 암흑시대였을까?

연표 125
더 읽어 볼 책들 126

머리말 중세는 암흑시대인가?

　유명한 판타지 소설 『반지의 제왕』은 중세 유럽의 전설에 기반을 두고 있으며, 『해리 포터』 시리즈 역시 중세 유럽의 성을 배경으로 하고 있다. 온라인 게임 역시 중세를 배경으로 하는 경우가 많다. 캐릭터들의 복장이며 무기, 게임 스토리의 전개에 이르기까지 많은 부분이 중세 유럽의 모습에서 빌려 온 것이다. 그런데 우리는 실제 중세 유럽에 대해서는 얼마나 알고 있을까? 과연 소설이나 온라인 게임에서처럼 중세는 실제로 어두운 분위기에, 마법사와 요정, 군주와 기사, 그리고 이들 사이의 전투로 이루어져 있었을까?
　사실 이러한 이미지는 '중세는 암흑시대'라는 편견에서 나온 것이다. 그렇기 때문에 사람들은 '중세'라는 단어를 쓸 때 밝고, 발전적이고, 희망에 찬 느낌보다는 다소 어둡고, 암울하고, 야만스럽다는 느낌을 나타내기 위해 사용한다. 가령 특정한 사람에게 죄를 뒤집어씌우는 것을 비유하는 '마녀사냥'이라는 단어는 그냥 '마녀사냥'이라고 하기 보다는 '중세의 마녀사냥'이라고 말해야 광신적 이미지가 제대로 표현되는 것처럼 생각한다. 실제로 마녀사냥은 중세의 특징적인 현상이 아니라 어느 시대에서나 있었던 일임에도 불구하고 말이다. 나아가 여기에다가 '봉건적'이라는 말을 붙이면 부정적 이미지는 한층 더 강해진다. 그리하여 '중세의 봉건적' 사고방식이니 봉건적 잔재니 하는 말들을 한다. 더욱 놀라운 것은 공상 과학 영화에서도 중세 이미지가 차용된다는 점이다. 영화「스타워즈」에서는 이름조차도 '기사'인 사람들이 광선총이 아닌 광선 '검'을 가지고 싸운다. 그렇다면 우리는 왜 중세에 대해서 그렇게 어둡고, 부정적인 이미지를 갖게 되었을까? 우리가 흔히 생각하는 것처럼 중세는 정말로 사람들이 살기 힘든 시대였을까?

그러나 한편으로는 중세 유럽이 온통 야만과 무지와 어둠으로 가득 차 있지 않았음을 짐작하게 하는 것들도 있다. 파리에 있는 노트르담 성당처럼 웅장하고 아름다운 성당을 유럽에서는 흔히 찾아 볼 수 있다. 대개 유럽을 여행할 때면 파리의 에펠 탑과 노트르담 성당을 보고 베르사유 궁전을 돌아보기 때문인지 몰라도, 사람들은 노트르담 성당이 베르사유 궁전과 비슷한 시기에 지어졌거나, 베르사유 궁전을 건축한 때로부터 그리 멀지 않은 시대에 지어진 것으로 착각하는 듯하다. 그러나 이 두 건축물 사이에는 400년이라는 긴 시간이 존재한다. 오늘날 민주주의의 도구가 된 의회 제도 역시 중세 말 유럽에서 시작되었다. 물론 오늘날과는 모습이 많이 다르기는 하지만 말이다. 그리고 많은 고등학생들이 목표로 하고 있는 대학은 의회보다 더 일찍 생겼다.

그렇다면 중세 유럽의 풍경은 멋있는 건물이 있는 도시에서 정치인들은 의회에서 정치를 하고, 학생들은 대학에서 열심히 공부하는 것이었을까? 혹은 초원에는 한가로이 소가 풀을 뜯고 농부는 밭을 갈아 가을에는 추수하고 겨울에는 따뜻한 벽난로 앞에서 한가로운 시간을 보냈을까? 중세 유럽이 그처럼 광명의 시대였거나, 중세의 농민들이 전원생활을 만끽하지는 않았을 것 같다.

중세 유럽은 암흑의 시대였을까 아니면 광명의 시대였을까? 둘 중 어느 쪽이든 아니면 그 중간의 어디쯤이든, 이제부터 차차 살펴보면서 스스로 판단할 수 있을 것이다. 사실 그보다 더 흥미로운 것은 중세라고 부르는 시기가 지나자마자 유럽이 해외로 진출하기 시작해서 오늘날에 이르기까지 그 팽창을 멈추지 않고 있다는 점이다. 어떻게 해서 유럽이 이처럼 급속히 팽창하게 되었을까? 아쉽게도 대부분의 교과서나 책에서는 이러한 일들이 어느 날 갑자기 이루어진 것처럼 설명하고 있다. 마치 콜럼버스가 꿈에 계시라도 받고서 탐험을 떠난 것처럼 말이다! 그러나 어떤 시대이건 앞선 시대의 성과물 없이 새롭게 발전하는 경우는 거의 없다는 사실을 기억해야 할 것이다.

1

중세는 어떻게 시작되었나?

- 중세는 언제부터 언제까지인가?
- 게르만 족은 로마를 어떻게 멸망시켰을까?
- 게르만 족은 왜 침입했을까?
- 게르만 족들은 어떤 나라를 세웠나?
- 중세 유럽은 어떻게 기독교 세계가 되었나?
- 바이킹은 어떤 종족인가?

중세는 언제부터 언제까지인가?

흔히 '중세 천년'이라고 말하는데 중세는 언제 시작해서 언제 끝났을까? 유럽에서는 대체적으로 400~500년부터 1450~1500년을 중세라고 한다. 이러한 시대 구분은 고대 로마 시대가 끝나고 게르만 족이 본격적으로 침입하기 시작하여 자신들의 나라를 세운 시기부터 시작하여 기독교의 정신 세계가 도전을 받으면서 국왕의 권력이 강화되고 유럽이 해외로 진출하기 시작한 시기를 끝으로 하고 있다.

게르만 족이 처음 로마로 침입해 들어온 것이 375년이었고, 이로 인하여 로마가 망하게 된 것은 476년이었다. 그 뒤 400년부터 500년 사이에 침입해 들어온 게르만 족들이 각각 자신들의 왕국을 건설함으로써 유럽의 새로운 주역이 되었다. 그중에서 가장 오래 지속된 왕국이 프랑크 왕국이었는데, 이 왕국을 세운 클로비스(Clovis, ?465~511)가 세례를 받고 기독교로 개종함으로써 로마 교황과 우호 관계를 다지고 프랑크 왕국의 발전이 지속될 수 있는 길을 연 해가 496년이었다. 마찬가지로 중세가 끝나는 시기에도 한 시대가 끝나 가고 있다는 것을 알려 주는 여러 가지 중요한 사건들이 있었다.

유럽이 팽창하기 시작한 시발점이 된 사건은 단연 콜럼버스(Christopher Columbus, 1451~1506)의 아메리카 탐험이라고 할 수 있는데, 이것은 1492년에 이루어졌다. 잔 다르크(Jeanne d'Arc, 1412~1431)의 활약으로 우리에게 잘 알려져 있는 백 년 전쟁이 끝난 것은 1453년이며, 이 전쟁이 끝났을 때 근대적인 모습을 한 국가가 탄생하고 있었다. 로마 시대부터 이어져 온 동로마 제국이 오스만 튀르크에게 무너진 것도 1453년이었는데, 그때까지 이슬람 세력을 막아 주고 있던 동로마 제국이 무너짐으로써 유럽은 이슬람과 직접 대결하게 되었다. 또한 이탈리아에서는 기독교의 신 중심의 사고에서 벗어나 인간을 세계의 중심으로 생각하는 풍조가 생겨났다. 이름 하여 르네상스가 시작됐는데, 이 르네상스가 꽃을 피운 것도 1500년 전후이다. 르네상스 시대의 대표적인 화가였던 미켈란젤로가 「천지 창조」를 그린 것도 1508년부터 4년 동안이었다. 아울러 가톨릭의 역할 그 자체에 회의를 품은 루터의 종교 개혁은 1517년이었다. 이렇듯 중세의 시작과 끝을 구별하는 것은 나름대로의 이유가 있다.

그러나 이런 시대 구분은 편의상 그렇게 나눈 것일 뿐 절대적인 기준은 아니다. 일반적으로 중세의 시작으로 보는 476년에 로마 제국이 망했다고 하지만, 엄밀히 말하면 그것은 서로마 제국이 망한 것이다. 로마 제국은 멸망하기 얼마 전부터 동로마와 서로마로 나뉘어 있었고, 게르만 족이 침입해서 무너뜨린 것은 서로마 제국일 뿐, 동로마 제국은 그 뒤로도 천 년이나 지속되었다. 동로마 제국은 로마 제국의 전통을 물려받아 잘 간직하고 있다가 천 년 뒤에 서유럽에 전해 주었다.

중세가 끝나는 시기에 대한 구분도 마찬가지다. 미켈란젤로의 「천지 창조」나 레오나르도 다빈치의 「모나리자」는 훌륭한 미술품이었지만 농민들의 일상생활을 변화시키지는 못했다. 농촌에서 농사짓는 방법은 중세 때에나 근대 초에나 거의 유사한 방법으로 이루어지고 있었다. 당연한 결과로 농민들의 생활 역시 중세보다 썩 나아진 것은 없었다. 종교 개혁 이후에도 사람들은 여전히 기독교적이었다. 유럽의 인구 역시 늘었다 줄었다 하는 주기적인 변동을 반복할 뿐 지속적으로 증가해 온 것이 아니었다. 1300년경의 인구와 1700년경의 인구는 큰 차이가 나지 않는다. 농민의 생활만 놓고 본다면 18세기까지 중세라고 할 수 있을 것이다.

다시 온라인 게임의 예를 들어 보자. 온라인 게임에서처럼 중세는 마법사의 시대이다. 그런데 이 마법사는 사실 단순히 마법만 부리는 사람이 아니라 당시에는 병을 고치는 의사의 역할까지 했다. 그렇다면 질병 치료에 마법이나 미신 대신 과학적 방법을 동원한 병원에서의 치료가 등장하기 이전까지가 중세가 아니겠는가? 심지어 과학 문명과 의술이 발달한 오늘날에도 일부에서는 여전히 미신이나 무당에 의존하는 경우가 있다. 이런 점에서 보면 오늘날에도 사람들의 생각이나 신념 중 일부는 여전히 중세적인 것이 아닐까?

사회 구조에 있어서도 중세 초에 만들어진 세 신분 구조, 즉 성직자, 귀족, 평민으로 나누는 구조가 타파된 것은 1789년 프랑스 혁명에 이르러서였다. 교육에 있어서도 고대 로마의 학교 이후에 오늘날과 같은 국민을 대상으로 하는 의무 교육이 실시되기 전까지 기간은 성당 학교와 같은 기독교 교육 기관이 주된 역할을 했다.

화제를 잠깐 바꿔 보면 이야기는 더 간단해진다. 중세 다음 시대는 근대이다. 그렇다면 근대가 언제부터 시작인가 하는 것은 중세가 언제 끝났는가 하는 질문과 일맥상통한다고 할 수 있다. 근대의 가장 중요한 특징은 합리성이라고 해도 과언이 아니다. 그런데 이러한 합리성의 개념이 등장하고 사회 전체에 침투하여 합리적 사회를 만들어 나가는 시기는 계몽사상 이후이다. 그런데 계몽사상은 17세기 이후이다. 그렇다면 16세기와 17세기 초는 어디에 속할까? 사정이 이러니 시대 구분을 곧이곧대로 믿다가는 큰 혼란에 빠질 수밖에 없다. 더욱이 시간이 흘러 2500년대쯤의 사람들이 언제까지를 중세라고 부를까 상상해 본다면 시대를 구분한다는 것은 한낱 편리함 때문이라는 것을 짐작할 수 있을 것이다.

게르만 족은 로마를 어떻게 멸망시켰을까?

사실 로마 제국 말기부터 국경 수비 대원들 중 상당수는 게르만 족 출신의 용병들이었다. 로마 시민들이 병역을 기피하면서 발생한 현상이었다. 사정이 이러했으므로 게르만 족의 침입을 막을 수 없었던 것이다.

그러나 게르만 족들이 대거 유입되었다고 해서 로마가 곧바로 망한 것은 아니다. 오히려 게르만 족의 한 분파인 고트 족이 들어오자 처음에 로마는 영토 내로 들어온 게르만 족들을 정착시키고 이들로부터 세금을 징수하려고 했다. 그런데 그 세금이 너무나 가혹한 것이 문제였다. 게르만 족은 로마의 가혹한 착취에 반발하여 반란을 일으켰고 378년 아드리아노플에서 로마 군대를 격파했다. 그렇게도 강력할 것만 같던 로마 군대가 게르만 족에게 패배하자, 국경 너머에 살고 있던 다른 게르만 족들 역시 로마 국경 안으로 물밀듯이 들어왔다. 본격적인 게르만 족의 이동이 시작된 것이었다. 흑해 부근에서 살고 있던 반달 족은 오늘날의 스페인을 거쳐 북아프리카까지 진출하여 왕국을 세웠고, 서고트 족은 오늘날의 스페인, 프랑크 족은 오늘날의 프랑스, 앵글 족과 색슨 족은 오늘날의 영국이 위치해 있는 브리튼 섬에 정착하여 여러 개의 왕국을 세웠다.

이리하여 로마 제국의 서부 지역, 즉 서로마는 혼란에 빠지게 되었고, 이러한 혼란 상황에서 황제는 군대를 장악하고 있는 장군들의 꼭두각시에 불과하게 되었다. 그러다가 476년 게르만의 용병 대장 오도아케르(Odoacer, 433~493)가 서로마 황제 로물루스 아우구스툴루스(Romulus Agustulus, 463~?)를 폐위하고 더 이상 황제를 지명하지 않음으로써 서로마 제국은 멸망하게 되었다. 그 이후 500년경까지 여러 게르만 족들이 과거 서로마 제국 영내로 이동하여 들어왔고 각각 자신들의 왕국을 세웠다.

게르만 족은 왜 침입했을까?

게르만 족이란 게르마니아라는 땅에 사는 모든 사람들을 가리켰다. 로마 사람들은 국경선 너머의 땅을 게르마니아라고 불렀고, 여기에 사는 사람들을 인종이나 민족의 구분 없이 통칭해서 게르만 족이라고 불렀던 것이다. 말하자면 우리가 압록강과 두만강 너머에 있는 여러 변방 민족들, 예를 들어 거란, 여진 할 것 없이 한데 뭉뚱그려서 오랑캐라고 했던 것과 같은 명칭이라고 할 수 있다.

로마 시대의 게르만 족에 관해서는 알려진 바가 거의 없다. 그들은 문자가 없거나, 있었다고 하더라도 제사를 지내는 제사장들만이 문자를 사용했기 때문이다. 게르만 족에 대한 가장 자세한 기록은 로마의 장군이었던 타키투스(Publius Cornelius Tacitus, ?55~?117)가 쓴 『게르마니아』라는 책에서 찾을 수 있다. 타키투스는 자신이 직접 게르마니아를 둘러본 이후 이 책을 썼다고 밝히고 있지만, 게르마니아 전체를 둘러

보지는 않았던 것 같다. 그 대신 자신이 국경에서 근무할 때 접촉한 게르만 족을 통해서 들은 바를 적었다. 이 기록에 따르면 게르만 족들은 붉은 머리와 푸른 눈을 가지고 있었으며, 몸집이 커다랗고 성질이 포악했다. 술 마시기를 좋아했으며, 포악한 성격을 가진 그들로서는 아주 당연한 일이지만, 술 마시고 난 후에는 종종 싸움을 벌였다.

문화적으로는 거의 발달하지 않은 상태였다. 이들은 숲에 대해 경외심을 가지고 있었다. 그래서 신을 모시는 사원을 세우지 않고, 숲에 있는 나무에 혼령이 있다고 생각하여 그 나무와 연못에 제물을 바쳤다. 나무가 말을 한다든가 혹은 공포 영화에 사람을 괴롭히는 나무가 등장하는 것은 게르만 족의 전통적인 신앙과 관련이 있다. 이들은 다신교적 종교관을 가지고 있었는데, 그 신들의 이름은 오늘날 영어의 요일 이름에 남아 있다. 게르만 최고의 신인 보탄(Wotan)은 수요일(Wednesday)에, 번개의 신인 토르(Thor)는 목요일(Thursday)에, 전쟁의 신인 티우(Tiu)는 화요일(Tuesday)에 남아 있다.

게르만 족이 자신의 땅을 버리고 로마 국경 안으로 대규모로 이동하게 된 것은 기후가 악화된 데다가 훈 족이 침입했기 때문이었다. 오늘날 조사에 따르면 350~400년 사이에 기온이 급격히 떨어졌다고 한다.[1] 이러한 기후 악화보다 더 위협이 되었던 것은 훈 족의 침입이었다. 훈 족은 중앙아시아에 살고 있던 몽골계 유목 민족이다. 일부

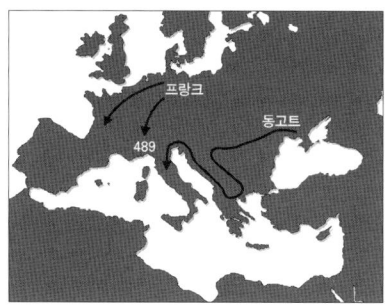

동고트 족과 프랑크 족의 이동 경로

에서는 이들이 4세기까지 중국 변방에 나타났다가 갑자기 중국의 기록에서 사라진 흉노족일 것이라고 주장하고 있다. 이러한 주장에 따르면 중국으로 침입한 흉노족이 중국의 반격과 만리장성에 막혀서 더 이상 갈 수 없게 되자, 그 방향을 서쪽으로 돌렸다고 한다. 이 흉노들이 훈 족인지 정확히 알 수는 없지만, 4세기경 서유럽에는 새로운 민족이 나타났던 것이다. 이 훈 족이 로마 국경 너머에 살고 있던 게르만 족들을 공격했다. 훈 족은 한 마을을 불태우고 사람들을 닥치는 대로 죽였다고 전해진다. 하지만 이러한 기록을 전부 다 믿을 수는 없다. 몽골 지방의 여러 민족들은 이처럼 무서운 이미지를

---

[1] 그때 기온이 낮았는지 어떻게 알 수 있을까? 오래된 나무의 나이테나 만년설의 두께로 측정해 볼 수 있다.

상대방에게 심어 줌으로써 그다음 전투에서 손쉽게 승리하는 전술을 사용하곤 했기 때문이다. 훈 족 역시 게르만 족을 상대로 이러한 전술을 사용했고, 그것이 먹혀들었던 것 같다. 더욱이 게르만 족이 보기에 훈 족은 게르만 족과는 얼굴이 판이하게 달랐기 때문에(찢어진 눈과 툭 튀어나온 광대뼈) 그 두려움은 한층 더 했다.

훈 족에게 밀린 게르만 족들 중 흑해 연안에 살고 있던 동고트 족은 계속 밀려서 로마 제국의 국경에 이르게 되었다. 동고트 족의 족장은 로마 제국의 황제에게 자신들이 로마 국경 안으로 들어갈 것을 허락해 달라고 요청했으나 로마 황제는 이를 거부했다. 그럼에도 불구하고 훈 족이 계속 압박해 들어오자 동고트 족은 로마 국경을 뚫고 들어오게 되었다. 그런데 로마 제국의 국경 수비대는 이들을 막지 못했다. 이렇게 되자 다른 게르만 족들 역시 로마 국경선 안으로 들어오게 되었다. 말하자면 게르만 족은 어쩔 수 없이 로마 국경 안으로 들어오게 되었던 것이다.

게르만 족들은 어떤 나라를 세웠나?

  게르만 족들이 로마 영토로 밀고 들어와서 자신들의 왕국을 세우기는 했지만, 이 왕국들은 오래 지속되지 못했다. 이들은 대개 원래 자신들의 거주지로부터 멀리 떨어져 나왔기 때문에 지속적으로 같은 종족을 보충하기 어려웠다. 시간이 흐를수록 자신들의 전통이나 관습을 잃어버렸고 원주민인 로마 시민들을 완전히 복속시키지 못했던 것이다. 더욱이 서고트 족이나 동고트 족처럼 로마 국경에 가까이 살고 있던 게르만 족들은 이동하기 이전에 이미 기독교로 개종한 상태였으나 정통 교리가 아닌 아리우스 파[2]를 믿고 있었다. 그러나 이들이 세운 왕국의 백성들은 로마 시대부터 정통 가톨릭을 믿고 있었으므로 새로운 지배층인 게르만 족과 종교적 갈등을 일으킬 수밖에 없었다. 이러한 이유로 대부분의 게르만 왕국들은 8세기를 넘기지 못하고 멸망했다.

  그러나 프랑크 족이 세운 프랑크 왕국은 다른 게르만 왕국과는 달리 오래 지속되어 프랑스가 되었다. 프랑크 족은 원래

---

[2] 기독교의 이단 가운데 하나로 4세기 초 알렉산드리아에서 삼위일체설을 부정하였던 아리우스와 그의 추종자들을 가리킨다. 삼위일체의 성신(聖神)에 관한 개념을 부정하는 삼위이체설을 주장하였다.

거주지로부터 이동한 것이 아니라 영토를 확장해 나갔으므로 자신들의 전통을 잃어버리지 않고 정체성을 유지할 수 있었다. 프랑크 족은 원래 라인 강변에 살고 있었으나 영토를 확장하면서 자신들의 중심지를 점차 서쪽으로 이동하여 오늘날의 프랑스 북부까지 이동하였고, 왕국을 세운 이후에는 오늘날의 프랑스 남부까지 확대하였다. 종교적으로 프랑크 족은 다신교였지만 이동한 이후 기독교로 개종했으므로 로마 가톨릭이 되었다. 전설에 따르면 프랑크 족을 이끌던 클로비스는 북부 프랑스를 정복하면서 기독교의 도움으로 승리하자 새로운 정복지였던 렝스(프랑스 동부 지방의 도시)에서 자신의 부하들과 함께 세례를 받고 로마 가톨릭으로 개종했다고 한다. 클로비스는 그 이후 남부 프랑스까지 정복하여 프랑크 왕국이 발전할 수 있는 기틀을 마련했다.

중세 유럽은 어떻게 기독교 세계가 되었나?

중세 유럽이 기독교 세계가 된 데에는 프랑크 왕국의 역할이 컸다. 클로비스 이후 프랑크 왕국은 분할 상속되었다가 다시 통일되는 과정을 반복했다. 그 과정에서 왕은 유명무실하게 되었고 정치의 실권은 궁재(宮宰)[3]의 수중에 넘어가게 되었다. 8세기 초 궁재였던 카롤루스 마르텔(Carolus Martel, 689~741)은 피레네 산맥을 넘어 프랑크 왕국으로 침입한 이슬람 세력을 투르-푸아티에 전투(732년)에서 물리쳤다. 만약 프랑크 왕국이 이슬람을 물리치지 못했다면, 서유럽 전체가 이슬람의 수중에 들어갈 수 있었던 상황이었다. 서유럽에서 이슬람 세력을 물리칠 만한 세력은 프랑크 왕국밖에 없었던 것이다. 특히 교황은 기독교 세계를 구원한 마르텔에게 '기독교 세계의 보호자'란 칭호를 수여했다. 교황이 프랑크 왕국에 제휴의 손을 내민 것이었다. 이러한 제휴는 마르텔의 아들이었던 페피누스 3세(Peppinus III, 714~768) 때에 이르러 더욱 진전되었다. 페피누스는 아버지와 마찬가지로 궁재로서 정치적 실권자였으나 여기에 머무르지 않고 왕이 되기를 원하였다. 그리하여 그는 751년 교황에게 편지를 보내서 "실권을 쥔 자가 왕위에 오르는 것과 무능한 왕위 계승자가 왕위를 차지하는 것 중 어느 것이 바람직한가?"를 물었다. 이에 대해 교황이었던 자카리우스(Zacharius, 741~752)는 "실권을 쥔 자가

---

[3] 메로빙거 왕조의 최고 궁정직으로 로마 제국의 대지주들이 토지를 관리하기 위해 둔 감독관 제도를 답습한 것이다. 국왕 이외에 각 분국(分國)의 왕도 궁재직을 두었는데 왕권이 약화되면서 궁재가 실권을 장악하였다.

왕으로 불릴 자격이 있다."고 대답했다. 이리하여 페피누스는 힐데리쿠스(Childericus, ?~754) 왕을 폐위하고 자신이 왕위에 올랐고, 성 보니파키우스(Bonifacius, ?672~754)는 페피누스에게 축성을 해 주었다. 이로써 카롤링 왕조가 탄생하게 되었다. 그 직후인 752년 교황에게는 새로운 제휴 세력으로부터 도움을 받을 일이 생겼다. 북부 이탈리아에 있던 롬바르드족이 남쪽으로 진격하여 로마를 공격하자 페피누스는 군대를 이끌고 이탈리아 중부의 땅을 빼앗아 이를 교황에게 기증했다.(754년) 이것이 로마 교황령의 기원으로서 이 교황의 국가는 1870년까지 존속했다.

교황은 왜 프랑크 왕국과 제휴하려고 했을까? 본래 로마 교회는 베드로에 의해 세워졌고 로마 제국 내에서도 수많은 순교자를 낸 교회였다. 그리하여 로마 제국 시절부터 기독교의 5대 총 대주교구 중 하나에 불과했다. 물론 로마 제국의 수도였으므로 콘스탄티노플과 더불어 가장 유력한 교회임에는 틀림없었으나 모든 교회와 기독교 세계의 우두머리라고 할 정도는 아니었다. 그러나 5세기 중엽 교황 레오 1세(Leo I, 401~474)는 로마 교황이 가장 우월한 지위를 가지고 있다고 주장했다. 예수가 베드로를 전체 교회의 우두머리로 지명했으며 로마 교황은 바로 그 베드로의 후계자이기 때문에 가장 우월하다고 주장한 것이다. 게다가 로마에서 가장 많은 사람들이 순교했으며, 로마가 제국의 수도이므로 더더욱 그렇다는 것이었다. 이후 로마 제국이 동서로 갈라지고 서로마 제국이 멸망하자 동로마 제국의 교회와는 다른 독립적인 지위를 얻게 되었다. 더욱이 게르만 족의 침입과 서로마의 멸망에 따라 의지할 곳을 잃은 사람들은 로마 교황을 정신적 지주로 받아들이게 되어 차츰 교황으로서 추앙받게 된 것이었다. 그렇지만 6세기 중엽 동로마 제국의 황제 유스티니아누스(Justinianus I, 483~565)는 이탈리아와 북아프리카를 수복했고, 이에 따라 로마 교황은 다시 동로마 제국 황제의 보호를 받게 되었다. 그러나 그 이후 롬바르드 족의 침입으로 동로마 제국의 세력이 이탈리아에서 약화되자 동로마 황제의 보호를 받지 못하게 된 상태였다.

　이와 더불어 동로마 제국에서 벌어진 우상 파괴령은 교황과 동로마 황제가 결별하게 되는 중요한 분기점이었다. 기독교에서는 원래 우상 숭배를 금지하고 있었으나, 이 당시 로마 교회에서는 그리스도상이나 십자가상이 널리 퍼져 숭배받고 있었다. 동로마 황제였던 레오 3세(Leo III, ?~816)는 이러한 우상 숭배를 금지하는 우상 파괴령을 내렸다.(726년) 이리하여 동로마 제국 내에서는 우상 숭배가 금지되었으나, 게르만 족을 개종시켜야 하는 로마 교황은 야만족을 개종하는 데에 우상이 효과적이라는 이유로 동로마 황제의 명령을 거부했다. 이로써 동로마의 교회와 서로마의 교회는 분리되었고, 동로마의 교회는 오늘날 그리스 정교회(Orthodox)가 되었다. 명령을 거부한 교황으로서는 자신을 보호해 줄 무력을 가진 새로운 보호자가 필요했던 것이다.

그렇다면 프랑크 족은 왜 교황을 필요로 했을까? 프랑크 족의 관습에 따르면 왕위는 신이 정하는 혈통에 의해 계승되는 것이었다. 따라서 페피누스가 아무리 왕이 되려고 해도 관습을 거스르며 왕이 될 수는 없었다. 그런데 만약 지상에서 신의 대리인인 교황이 자신을 왕으로 인정해 준다면 왕위를 찬탈할 수도 있다고 생각한 것이다. 이러한 이유로 페피누스는 교황에게서 승낙을 얻어 냈던 것이다. 즉 프랑크 족의 페피누스는 정통성이 필요했던 것이다.

페피누스의 뒤를 이어 왕위를 계승한 카롤루스 대제(Carolus, ?742~814)는 엄청난 전투력을 과시하며 서유럽의 대부분을 정복했다. 카롤루스 대제는 남쪽으로는 이탈리아를 침공해 롬바르드 왕국을 정복했고 서쪽으로는 피레네 산맥까지 정복했다. 동쪽으로는 오스트리아를 정복하여 엘베 강 서쪽 지방을 복속시켰다. 이렇게 되자 교황은 800년 크리스마

스에 카롤루스 대제의 궁전인 아헨을 친히 방문하여 카롤루스 대제에게 '서로마 황제' 대관식을 해 주었다. 이로써 교황과 프랑크 족의 결합은 절정에 달했다. 게르만 족이 로마를 대신하여 서유럽의 지배 세력이 되었음을 교황이 인정한 셈이었다. 이로써 게르만 족과 기독교가 결합된 새로운 세계가 탄생한 것이다.

카롤루스 대제는 중부 유럽을 중심으로 광대한 제국을 건설했다. 그는 자신이 정복한 지역을 여러 주로 나누어 백작과 공작을 파견했다. 백작은 오늘날의 도지사와 같은 역할을 했으며 공작 역시 그 역할은 백작과 비슷했으나 변경 지방이나 전략적 요충지처럼 군대 지휘권을 가졌다는 점에서 달랐다. 그러나 이러한 제도가 관료제라고 보기는 힘들다. 이들은 단지 황제의 사적인 부하들에 불과했다. 그럼에도 불구하고 카롤루스 대제 때에는 황제에 대한 충성심을 가지고 있어서 사회가 비교적 안정되어 갔다. 한편 카롤루스 대제는 정복뿐만 아니라 문화적 부흥도 일으켰다. 그는 법률을 정비하고 학교를 세워 교육에 힘썼으며, 그 자신도 라틴 어를 배우는 등 문화가 다시 빛나게 했다. 이른바 카롤링 르네상스의 시기였다. 로마의 멸망 이후 혼란스러웠던 사회는 이제 안정되어 가는 듯이 보였다. 이 시기야말로 중세 초의 기간 중 사회가 가장 안정된 기간이었다.

바이킹은 어떤 종족인가?

9세기 중반 잉글랜드 동쪽 해안에 있는 린디스판 수도원에 새로운 약탈자들이 나타났다. 이들이 1세기 동안 유럽을 혼란에 빠뜨린 바이킹이었다. 바이킹으로 더 잘 알려져 있는 이 노르만 족들은 원래 스칸디나비아 반도와 덴마크에 살고 있던 게르만 족의 한 분파를 말한다. 이들은 스칸디나비아 반도 남부에 주로 살고 있었다. 날씨가 워낙 추웠기 때문에 비교적 따뜻한 해안가를 중심으로 농업을 하면서 살고 있었고, 일부는 발트 해를 지나 오늘날의 러시아를 거쳐 흑해에 이르는 무역로를 따라 상업에 종사하기도 했다. 그러나 9세기까지 인구가 증가하자 농토가 부족해졌고, 그 결과 땅을 빼앗기 위한 부족 간의 전투가 시작되었다. 이 전투에서 패배한 부족들은 해안가로 내몰리게 되었고, 이들은 부족한 물품을 얻기 위해 바다로 나갈 수밖에 없었다. 이렇게 해서 바이킹의 약탈이 시작된 것이다.

이들은 배 만드는 기술이 뛰어났고 항해술 또한 뛰어났다.

이들이 만든 배는 깊지 않아서 수심이 얕은 강의 상류까지 항해가 가능했고, 거의 완벽한 유선형으로 생겨서 매우 빠른 속도를 낼 수 있었다. 또한 훈련받은 새를 데리고 다니며 바다에서 육지까지의 거리를 측정했다고 전해진다. 또한 별자리와 해의 위치를 보고 원거리 항해를 할 수 있었다. 적을 만나면 용감하게 싸웠는데 특히 도끼를 잘 사용했다고 한다. 그러나 흔히 알고 있는 것처럼 뿔 달린 투구를 쓰지는 않았다.

이들 중 일부는 스칸디나비아 반도에서 북서쪽으로 항해하여 그린란드까지 탐험했고, 그중 일부는 용감하게도 더 서쪽으로 항해했다. 그리하여 오늘날의 미국과 캐나다의 국경 근처의 한 섬에까지 도달하게 되었다. 그 뒤 수십 명의 무리가 스칸디나비아 반도를 떠나 그린란드를 거쳐 아메리카 대륙에 도착했다. 이들이야말로 콜럼버스보다 훨씬 앞서서 아메리카 대륙에 도착한 유럽 인인 것이다. 그러나 몇 차례 수십 명의 무리가 탐험한 이후, 날씨가 추워져서 더 이상의 탐험은 없었고, 그리하여 유럽 인들에게 있어서 아메리카 대륙은 잊혀지게 되었다.

다른 한편 남쪽으로 내려간 바이킹 중 일부는 대서양을 거쳐 지중해에 도달하거나, 센 강을 타고 올라갔다가 강이 끊긴

곳에서 배를 육지로 들어 올린 다음, 가까이 있는 다른 강을 타고 내려가서 지중해에 도착했다. 물론 대서양을 지나 에스파냐 남부를 거쳐 지중해로 들어온 바이킹도 있었다. 그 당시 지중해는 이슬람 세력이 장악하다시피 했었는데, 바이킹은 이들을 공격함으로써 이슬람 세력을 어느 정도 몰아낼 수 있었다. 그중에서도 가장 놀라운 사실은 시칠리아 섬을 장악하고 노르만 왕국을 그곳에 세운 것이었다. 또 다른 한 무리의 바이킹은 센 강을 타고 올라와 파리를 포위하기도 했다. 롤로(Rollo, ?860~?932)라는 자가 이끌었던 이 무리들은 프랑크 왕국 국왕의 요청에 따라 그의 신하가 되었다. 프랑크 왕국 국왕은 그에게 신하가 되는 대가로 센 강 하류의 땅을 수여하여 센 강을 타고 올라오는 다른 바이킹을 막도록 했다. 이리하여 노르망디라는 지명이 생기게 되었다.

 이들이 바다로 나간 목적이 약탈에 있었기 때문에 유럽 사회는 더욱더 혼란해졌다. 이전의 게르만 족들은 정착하기 위해서 로마 제국 영토에 들어왔으므로 정착한 이후에는 오히려 사회가 안정되었던 반면에, 바이킹은 약탈을 목적으로 하고 있었으므로 약탈만 하고 자신들의 고향인 스칸디나비아 반도로 돌아가곤 했던 것이다. 이들은 낮에는 숲에 숨어 있다가 밤이 되면 마을을 약탈하고 바로 다른 곳으로 이동했으므로, 국왕의 군대라고 하더라도 이들을 막을 수는 없었다. 앞서 롤로의 예에서 보듯이, 국왕조차도 바이킹을 막지는 못했다. 설령 국왕의 군대가 이들을 막을 수 있었다고 하더라도 국왕의 군대가 출동했을 때에는 이미 바이킹은 사라진 뒤였을 것이다. 때문에 국왕이 막강한 권력을 가지고 있다고 하더라도 재빠른 이들을 막지는 못했을 것이다. 어떻든 바이킹이 이처럼 마을을 약탈함으로써 사회는 혼란에 빠지게 되었다. 아무리 중세를 좋게 본다고 하더라도 이 시기만큼은 암흑시대였음에 틀림없다.

2

봉건 사회란 무엇인가?

- 봉건 사회는 어떻게 형성되었나?
- 기사는 어떤 사람인가?
- 중세의 성은 어떤 역할을 했나?
- 영주와 농노는 어떤 사람인가?
- 중세 농노는 어떻게 살았을까?

봉건 사회는 어떻게 형성되었나?

9세기에는 바이킹이 침입했을 뿐만 아니라 지중해에는 이슬람의 해적질이 빈번했다. 혼란한 상황에서 각 지방의 주민들은 바이킹의 약탈에 대해 스스로 방어해야 했으나 농민들로서는 스스로를 방어할 힘이 없었다. 이 당시에 방어 능력을 가진 사람들은 전사들이었는데 이들 중 기병은 보병보다 훨씬 강력한 공격을 할 수 있었다. 이리하여 기병이 무력의 중심이 되었는데, 이들이 다름 아닌 **기사**들이었다. 무력을 갖지 못한 농민이나 성직자들은 이들에게 의존할 수밖에 없었다. 기사들은 이러한 상황을 이용하여 한 마을 안에서 자기 마음대로 행동할 수 있게 되었다.

더욱이 백성들을 보호해야 할 사람은 국왕과 그의 군대였으나, 앞서 말했듯이 혼란스러운 상황에서 국왕은 지방의 농민들에게는 전혀 도움이 되지 않았다. 이러한 상황에서는 국왕 역시 유능한 기사들의 지지를 받기 위해 흥정을 해야 했다. 즉 이들이 봉사한 대가로 왕은 자신의 토지를 봉토로 하사하곤 했던 것이다. 지방의 기사들은 원래 국왕이 해야 할 일을 대신하고 있었으므로 국왕이 가져야 마땅한 권력을 갖게 되었다.

한편 지중해는 이슬람의 세력권에 들어갔고 바이킹이 일부를 회복하기는 했지만 지중해 무역은 소멸된 것이나 다름없었다. 따라서 유럽 전역에서 해외 무역이 거의 자취를 감추다시피 했다. 이와 더불어 소규모의 상업조차도 점차 없어지게 되었다. 치안이 유지되지 않는 상황에서 상업을 한다는 것은 사실상 불가능했다. 물건을 싣고 갈 때 언제 어디서 도적들이 나타날지 모르기 때문이다. 이리하여 대규모의 무역은 물론 소규모의 교역마저도 끊기게 되었다. 하나의 마을은 외부에서 물건을 들여올 수 없었으므로 거의 자급자족해야 했다. 이처럼 자급자족 상태가 되면 가장 중요한 것은 농사를 짓는 것이 되고, 농사에서 가장 중요한 토지를 가진 자가 사회의 지배자가 되는 것은 당연한 것이었다. 그런데 토지를 가진 자는 무력을 가진 전사들이었으므로, 이 기사들이야말로 영주이면서 동시에 지주였던 것이다. 따라서 하나의 마을은 완전히 영주의 지배하에 들어가게 되었고, 이러한 과정을 거쳐 1000년경에는 봉건 사회가 형성되었다.

기사는 어떤 사람인가?

봉건 사회의 지배 계급을 이루고 있던 기사들은 '싸우는 사람'이었다. 다시 말하면 전투가 그들의 주된 기능이었던 것이다. 따라서 말을 알아들을 정도의 나이가 되면 이때부터 군사 훈련을 시작했다. 대략 7~8세에 군사 훈련을 시작하는데, 대개는 가까운 친척 기사나 아버지의 주군의 궁정으로 보내졌다. 소년은 처음에는 성에서 여러 가지 허드렛일을 하면서 궁정에서의 예법을 배우기도 하고 악기 연주를 배우기도 한다. 14~15세가 되면 기사의 시종으로서 군사적인 일을 하게 된다. 말을 돌보고, 갑옷을 닦고, 장비 다루는 훈련을 받았다. 20세 전후의 나이가 되어 충분한 훈련을 받았다고 판단되면 기사로서 독립하게 된다. 즉 기사로 임명되며(이것을 서임식이라고 한다.) 자신만의 갑옷과 칼을 갖추고, 말을 타고 다니는 것이다. 그리고 이때부터 한 명의 독립된 기사로서 봉토를 다스릴 수 있게 되었다.

영주가 된 기사는 전투가 있으면 주군을 따라 싸움터에 나가 전투를 했다. 기사들이 벌이는 전투는 목숨을 걸고 싸우는 전쟁이 아니라 그 자체가 이들의 소일거리이자 오락이었다. 대개 중세 초의 기사들은 싸움터에 나가는 목적이 전리품에 있었다. 농민을 약탈하고 기사들을 포로로 잡아 석방금을 받아 내는 것이 전투의 목적이었던 것이다. 따지고 보면 기사들의 직업이 싸우는 것이고, 기사들로서도 일을 했으면 수입이 있어야 할 것 아닌가!

기사들은 전투가 없을 때에는 영지에서 해야 하는 일상적인 업무를 했다. 예를 들어 농노의 하소연을 듣고 재판을 하거나, 영주 대리인으로부터 장원(47쪽 설명 참조)에서 일어나는 특별한 일에 대해 이야기를 들은 다음 조치를 내렸다. 그러나 기사들은 이와 같은 행정 업무에는 별 관심이 없었다. 그들은 이런 일들을 오전에 재빨리 해치우고 오후에는 사냥을 즐겼다.

중세의 성은 어떤 역할을 했나?

이러한 기사들이 사는 집 중에서 큰 집이 바로 성이다. 웬만한 기사들은 대개 큰 집에서 살았지만, 그것은 석조 건물이라는 점 이외에 다른 특징은 없었다. 물론 농노의 집보다는 컸지만 장원 하나만을 소유한 평기사는 2층 석조 건물에 살았다. 우리가 오늘날 볼 수 있는 성을 가졌던 사람들은 적어도 백작의 바로 아래 기사쯤 되어야 했다. 이들이 살았던 집이 바로 성이다. 따라서 성은 기본적 생활을 유지하기 위한 기능과 방어 기능을 동시에 갖추고 있었다. 물론 성의 가장 중요한 기능은 방어이다. 성은 대개 높은 곳에 지어졌으며, 평야지대라고 하더라도 둔덕을 쌓아서 높은 위치를 인공적으로 만드는 경우도 있었다. 성은 이중, 삼중의 방어선을 가지고 있었다. 맨 바깥에 있는 성벽은 비교적 넓은 지역을 포함하고 있으며, 아무리 작은 규모의 성이라고 하더라도 영주의 성채와 정원이나 안뜰을 포함하기 마련이었다. 이 정원을 영어로 '코트(court)'라고 하는데 왕의 정원일 경우에는 궁정이 되는 것이다. 그런데 이러한 단어의 변화에서 알 수 있듯이, 정원에서 하는 일은 대개 재판을 하거나 부하들을 불러 모아 회의를 하거나 연회를 베푸는 것 등이었다. 나중에 이러한 일들을 국왕이 자신의 성에서 하게 되면서 '코트'라는 말이 궁정이라는 의미를 갖게 되었다. 이 뜰을 포함하는 담장이 바로 성벽이다. 아주 큰 성의 경우 그 성벽 안에 정원 정도가 아니라 마을이 들어서 있는 경우도 있었다. 이러한 성벽은 일차 방어선이다. 이 성벽 바깥으로는 해자, 즉 외부에서 성벽에 접근할 수 없도록 성벽 바깥쪽에 파 놓은 도랑이 있었다. 대체적으로 보아 성에는 하나의 도개교(들어 올리는 다리)가 있게 마련이었고, 크기에 따라서는 여러 개의 도개교가 있는 경우도 있었다. 해자에는 물이 흐르는 경우도 있고 그렇지 않은 경우도 있었다. 또한 해자 대신 절벽 위에 성을 세우는 경우도 있었다. 이 경우에는 해자가 일차 방어선인 셈이다. 밖에서 성 안으로 들어가려면 반드시 해자를 건너야 하는데, 그 방법은 도개교를 건너는 수밖에 없었다. 설사 도개교를 건넌다고 하더라도 이중으로 된 성문을 부숴야 한다. 성문을 통과하면 보루 또는 성채가 나오는데 여기가 기사가 사는 집이다. 그런데 이곳에 들어가기도 쉽지 않았다. 큰 성채의 경우 다시 한 번 해자가 나오고, 작은 성채라고 하더라도 굳건하게 잠긴 문과 벽을 통과해야 했다. 그 성채의 맨 꼭대기 층에 영주가 기거하는 방이 있었다. 그러므로 영주가 사는 곳까지 가서 영주를 해치는 것은 쉬운 일이 아니었다. 게다가 이런 성채의 복도와

문은 좁고 작게 만들어져 있어서, 공격하는 측이 빨리 진입할 수 없게 되어 있다. 사정이 이러했으므로 도개교를 들어 올리고 성문을 닫으면 성은 사실상 좀처럼 함락시키기 힘들었다. 설사 도개교와 성문을 통과한다고 하더라도 양파 껍질처럼 겹겹이 쌓인 방어막을 뚫고 지나가야 했다.

만약 전투를 벌인다면, 어느 기사라도 다짜고짜 성을 공격하지는 않을 것이다. 성을 함락시키는 가장 손쉬운 방법은 무엇이겠는가? 성을 포위하고 기다리는 것이다. 이러한 전술이야말로 공격하는 측으로서는 피해를 최소화할 수 있는 방법이었다. 이와 반대로 방어하는 측에서는 공격 군대가 물러가기를 바랄 뿐이었다. 따라서 그때까지 버틸 수 있는 식량을 비롯한 여러 가지 물자를 비축해 둘 공간이 필요했다. 그래서 성은 지하에서 2~3층에 이르기까지 창고 형태로 되어 있었고, 물을 공급받을 수 있도록 우물이 있었다.

그렇다면 실제 전투는 어떤 경우에 이루어졌을까? 성을 방어하는 측이 싸울 만하다고 생각하면 성에서 공격하는 것이 아니라 성 밖의 들판에서 전투를 벌였다. 들판에 양측 군대가 늘어서고 신호와 함께 뛰어나갔다. 이 경우 가장 유리한 것은 말을 타고 중무장을 한 기사였다. 전투의 목적은 상대방을 살해하는 데 있는 것이 아니라 적을 포로로 잡아서 석방금을 받거나 전리품을 획득하는 데 있었다.

영주와 농노는 어떤 사람인가?

중세의 농촌 사회를 이루고 있는 본질적인 요소는 영주와 농민이었다. 영주는 곧 기사였으며 이들은 농민을 보호해 주는 대가로 농민을 지배했다. 영주는 영지에 살면서 직접 영지를 경영하기도 했으나 대개 여러 개의 장원을 가지고 있었으므로 장원을 순회했고, 실제 영지의 경영은 집사나 장원 관리인에 의해 이루어졌다. 영주가 농민을 지배할 수 있는 근거는 농민을 보호한다는 데에 있었다.

사회의 질서를 유지해야 할 책임은 마땅히 국가나 국왕이 져야 했으나, 바이킹을 비롯한 이민족의 침입이 있었을 때, 국왕은 모든 지역을 보호할 수 없었다. 그리하여 지방에 살고 있던 사람들은 스스로 보호하고 질서를 유지해야 했는데, 이러한 보호와 치안 유지 역할을 할 수 있는 사람은 무력을 가지고 있던 기사들밖에 없었다. 농민은 전투를 할 줄 몰랐을 뿐만 아니라 무기도 없었으므로 신체적 보호를 위해 기사에게 의존할 수밖에 없었다. 기사로서는 원래 국가가 해야 할 일을 대신했으므로, 국가가 행사해야 할 권리, 즉 공권력을 대신 행사하게 되었다. 농민은 국가에 내야 할 세금을 기사에게 납부해야 했고, 재판도 기사에게 받았다. 오늘날의 입장에서 보면 사회 기반 시설에 해당하는 것들, 예를 들어 다리, 곡식 저장고, 방앗간 등을 이용할 때에도 사용료를 내야 했다. 중세에 다리를 통과할 때 내는 세금을 '톨(toll)'이라고 불렀는데, 이 단어는 오늘날 고속도로 통행료에 그대로 남아 있다.

또한 농민은 보호를 받기 위해 기사에게 자신이 가지고 있던 토지를 제공했다. 물론 기사는 직접 농사를 짓지 않았으므로 그 토지를 제공한 농민에게 임대해 주었다. 따라서 농민은 기사에게 토지 임대료도 납부해야 했다. 그러나 이 당시에는 화폐 경제가 발달하지 않았으므로 임대료를 화폐로 납부하지 않고, 영주가 직접 경영하는 토지에서 일을 하는 것으로 대신했다. 즉 화폐 대신 노동력을 제공했던 것이다.

요컨대 영주는 한편으로는 토지의 소유자로서, 다른 한편으로는 국가의 공권력을 대신 하는 자로서 농민을 지배했던 것이다. 영주가 토지 소유자로서 행사하는 권리를 경제적 권리라고 하며, 국가 공권력의 소유자로서 행사하는 권리를 경제 외적 권리라고 한다. 영주의 경제적 권리는 오늘날에도 존재하는 권리이다. 예를 들어 오늘날에도 건물을 임대하면 임대료를 내야 하는데 이것은 건물 주인의 경제적 권리에 해당한다고 할 수 있다. 중세의 영주와 오늘날의 건물 주인과의 차이점은 경제 외적 권리에서 나온다. 즉 영주가 농민을 지배할 수 있는 권리는 영주가 무력을 소유한 자로서 농민을 보호하기 때문에 생기는 것이다. 게다가 그 당시에 토지는 많은데 비해 노동력이 부족했으므로 영주로서는 가능한 한 많은 농민을 자신의 영지에 붙잡아 두어야 했다. 따라서 영주는 농민이 이사 갈 수 없도록 만듦으로써 노동력을 확보하고자 했다. 이리하여 농민은 거주 이전의 자유를 상실하고 신체적으로 영주에게 예속되었다. 이처럼 중세의 농민은 고대의 노예처럼 거주 이전의 자유가 없지만, 고대 노예와는 달리 가정을 이루고 어느 정도의 자유를 누렸다. 그러나 거주 이전의 자유가 없다는 점에서 근대의 자유농과도 다르다. 이러한 상태, 즉 노예와 자유농의 중간 상태를 일컬어 **농노**라고 한다. 따라서 중세 농노의 가장 중요한 특징은 신체적으로 영주에게 예속되어 있다는 점이며, 영주가 농노를 예속할 수 있는 힘은 국가 공권력의 소유자라는 데서 나온다는 것이다.

중세 농노는 어떻게 살았을까?

장원이란 영주의 지배 아래 놓인 장소를 의미하는데 대개 하나의 마을이나 촌락은 장원과 일치했다. 즉 농민들이 마을을 이루고 사는 지역이 하나의 장원이었다. 물론 한 장원이 두 개의 마을을 포함하거나 커다란 마을이 두 개 이상의 장원으로 이루어진 경우도 있었다.

이러한 마을에서 가장 높은 건물은 영주가 사는 영주관과 교회였다. 교회는 마을을 지나는 여러 갈래의 길이 모이는 곳에 있었으며 이곳이 마을의 중심지였다. 교회의 뾰족탑은 멀리에서도 보였으므로 마을의 중심지로서 상징적 역할을 했다. 교회 앞은 광장을 이루고 있어서 일요일이면 사람들이 미사를 본 이후 모여서 서로의 안부를 묻거나 모임을 갖는 장소 구실을 했다.

마을로 들어오는 길은 이 광장에서 합쳐졌다가 이 광장에서 다시 다른 마을로 나간다. 이러한 길을 따라서 농가 주택이 늘어서 있었다. 농가 주택은 나무 기둥과 진흙 벽으로 되어 있었고 지붕은 초가지붕이었다. 주택이라고는 하지만 돼지나 소의 우리가 한 지붕 아래 있었고, 난방 시설은 거의 없었다. 농민들은 바닥에 지푸라기를 깔고 자거나 좀 잘사는 농민의 경우에는 침대에서 잤다. 그렇지만 너무 추운 날에는 돼지를 껴안고 잤다.

이러한 마을은 자급자족을 해야 했다. 왜냐면 마을을 나가면 숲이 있었고, 이러한 곳은 대개 로빈 후드와 같은 도적들이 우글거리는 위험한 곳이었기 때문이었다. 따라서 하나의 마을, 즉 장원은 모든 것을 그 안에서 해결해야 했다. 이러한 자급자족적 체제에서 가장 먼저 해결해야 할 것은 무엇일까? 당연히 먹고사는 문제일 것이다. 농민의 주된 음식은 빵이었다. 빵을 만들기 위해서는 밀가루가 필요할 것이고, 밀가루는 밀농사를 지어야 얻을 수 있다. 따라서 마을에는 농경지가 있었는데, 중세에 농경지는 세 부분으로 나뉘어 있었다. 봄에 밭을 갈아 씨를 뿌리는 **춘경지**, 가을에(정확하게는 늦여름에) 밭을 갈아엎고 씨를 뿌리는 **추경지**, 경작을 쉬는 **휴경지**가 있었다. 이처럼 농경지를 세 부분으로 나누어 경작하는 것을 **3포제**(three field system)라고 하는데, 이렇게 세 부분으로 나누는 이유는 밀농사의 특성 때문이었다. 밀농사는 벼농사에 비해 지력을 더 많이 소모한다. 8~9년 동안 아무런 비료도 주지 않고 같은 땅에서 밀농사를 지으면 땅이 척박해져서 밀을 뿌린다고 하더라도 뿌린 만큼 거두지 못하게 된다. 이러한 지력 소모를 막기 위해 두 번, 즉 봄과 가을에 농사를 지은 다음

한 해 쉬는 것이다. 세 부분은 각각 춘경-추경-휴경을 반복하게 된다. 오늘날에는 비료를 줌으로써 이러한 지력 소모를 막고 있으나, 중세에는 동물의 분뇨 이외에는 마땅한 비료가 없었고, 가장 좋은 자연 비료인 인분조차도 비료로 사용할 줄 몰랐다. 따라서 이 당시의 농업 생산력은 매우 낮은 수준이어서, 파종량 대 수확량은 1대 3.8 정도였다. 즉 일정한 면적의 토지에 밀 1킬로그램을 뿌렸을 때 수확할 수 있는 밀의 양은 3.8킬로그램이었다. 게다가 다음 해를 위해 1킬로그램의 씨앗을 남겨 두어야 했으므로 실제로 먹을 수 있는 양은 2.8킬로그램에 불과했다. 게다가 농사를 짓는 데는 소가 매우 중요했으므로 땅의 절반은 소를 위한 방목지로 이용했다.

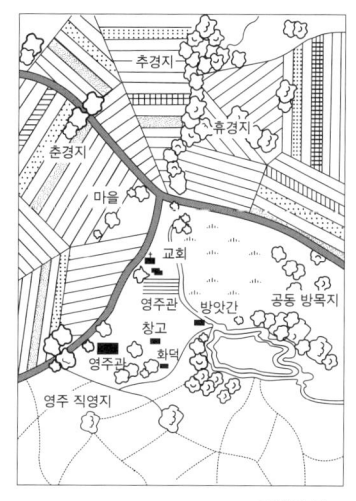

장원의 구조

이처럼 중세의 생산력이 낮기는 했지만, 고대의 생산력에 비하면 많이 향상된 것이었다. 고대의 생산력은 파종량 대 수확량의 비율이 1대 1.8에서 2.8에 불과했다. 이처럼 중세의 생산력이 고대보다 향상된 이유는 3포제의 도입, 쟁기의 개량, 마력의 이용 때문이었다. 로마 시대까지 지역에 따라서는 중세 초까지 대부분의 농경지는 휴경지와 경작지로 나누어진 2포제로 되어 있었다. 따라서 실제로 농사짓는 땅은 농사지을 수 있는 땅의 절반밖에 되지 않았다. 그러나 3포제를 사용하면서 전체 토지의 3분의 2를 이용할 수 있게 되었다. 이러한 개량은 농경지의 2분의 1을 이용하다가 3분의 2를 이용하는 것이 되므로 생산량 자체는 150퍼센트가 늘어나는 셈이었다. 쟁기의 경우 로마 시대의 쟁기는 쟁기 날이 삽처럼 되어 있어서 쟁기를 갈아 흙을 뒤엎은 다음 다시 흙을 제자리로 돌려놓아야 했다. 그러나 중세가 되면서 휘어진 쟁기 날을 사용하게 되면서 땅을 갈면서 동시에 흙을 제자리에 놓게 되었다. 마력의 이용도 향상되었다. 로마 시대에는 말의 목에 쟁기의 끈을 걸었다. 이렇게 만든 쟁기 끈은 말이 힘을 주어 전진할 경우 말의 목을 조르게 되어 있었다. 따라서 로마 시대까지 말은 큰 힘을 쓸 수 없었다. 그러나 중세 시대에는 쟁기의 끈을 말의 어깨에 거는 방법이 개발됨으로써 말이 무거운 쟁기를 끌 수 있게 되었다.

각각의 경작지는 길게 뻗은 땅 조각으로 이루어져 있었다.

이러한 땅 조각을 **지조**(Strip)[4]라고 하는데, 아주 긴 지조의 경우 하루 종일 소를 몰고 밭을 갈아 봐야 여덟 번밖에 왕복할 수 없을 정도로 길었다. 이처럼 땅을 길게 만든 이유는 농업 생산력을 높이기 위해서이다. 유럽의 토양은 조밀하여 비가 오면 물이 땅속 깊이 스며드는 것이 아니라 얕은 곳에 물이 고이게 된다. 이렇게 물이 고인 상태에서 씨를 뿌리게 되면 씨는 곧 썩는다. 이러한 사태를 피하기 위해서는 땅을 깊게 갈아엎어서 물이 땅속 깊이 흡수되도록 해야 한다. 이렇게 하면 씨를 뿌리더라도 씨가 물보다 위에 위치하게 되어 씨가 썩지 않을 뿐만 아니라, 비가 오지 않을 때에는 깊이 있던 물이 모세관 현상으로 인하여 땅의 표면 쪽으로 올라오게 되어 씨에 수분을 공급하는 일석이조의 효과를 얻을 수 있다. 그런데 땅을 깊게 갈아엎기 위해서는 크고 무거운 쟁기가 필요하며, 여러 마리의 소가 한 팀을 이루어 이 쟁기를 끌어야 했다. 대개 4~8마리의 소가 한 팀을 이루어 쟁기를 끌었는데, 이 한 팀의 소들을 끌고 사각형의 밭을 갈게 되면, 밭을 가는 시간보다 소들을 끌고 방향을 바꾸는 데 더 많은 시간을 소모하게 된다. 이러한 이유로 회전하는 시간을 줄이기 위해 기다란

---

4) 좁고 길다란 토지 조각.(49쪽 장원의 경작지 그림 참조.)

형태로 땅을 만들었다.

밭에서 밀 농사를 짓는다고 해서 바로 빵이 생기는 것은 아니었다. 빵을 만들기 위해서는 밀을 빻아야 하므로 방앗간이 있었고, 이렇게 빻은 밀가루를 빵으로 만들기 위해서는 화덕(오븐)이 필요했다. 그리고 일 년 내내 먹을 수 있는 밀을 저장해 놓아야 하므로 저장 창고가 필요했다. 영주관과 교회, 농민 주택, 경작지와 방목지, 그리고 방앗간, 화덕, 저장 창고 등이 장원을 이루는 필수적인 것들이었다.

3

중세 사회는
어떻게 발전했을까?

- 십자군은 성전인가?
- 물품의 교환은 어떻게 이루어졌나?
- 어떤 사람이 상업에 종사했나?
- 중세 도시민은 농노가 아니었나?
- 길드란 무엇인가?
- 도시는 어떤 모습이었을까?

십자군은 성전인가?

 1096년 교황 우르바누스 2세(Urbanus II, ?1035~1099)는 기독교의 성지인 예루살렘이 이교도의 수중에 있으므로 이 성지를 탈환해야 한다는 연설을 했다. 이 연설을 할 당시 교황은 제후와 영주들의 참가를 원했지만, 현실은 그렇지 않았다. 교황이 가지고 있었던 종교적 정열에 감명을 받은 다른 설교자들은 누구나 십자군에 참여해야 한다고 설교했고, 이리하여 가난한 기사와 농민 할 것 없이 모두 십자군에 참여하려고 했다. 이들은 무리를 이루어 마을을 통과했고, 이때 그들과 똑같이 종교적 정열을 가진 농민들이 여기에 합류하였다. 무리는 점점 더 커지게 되었다. 그러나 가난한 기사나 농민들에게 무슨 돈이 있겠는가? 이들이 예루살렘에 도착하기 이전에 먼저 해결해야 할 문제는 보급이었다. 가는 도중에 무엇을 먹고 어디서 잘 것인가? 다행히 신앙심이 두터운 영주가 있는 마을을 지날 때에는 환대를 받을 수 있지만, 그렇지 않은 지역을 통과할 때에는 어떻게 할 것인가? 이들이 독일을 지날 때까지는 그런대로 현지 조달에 성공했다. 특히 이들은 유대 인에 대한 적대감을 표시하였고, 예루살렘을 탈환하기에 앞서 내부의 적을 없애야 한다고 생각했다. 때문에 유대인에 대한 학살과 그들의 재산 몰수를 감행했다. 그러나 헝가리에 접어들면서 문제는 달라졌다. 이들은 헝가리에 들어서면서 마을을 약탈하기 시작했고, 이에 격분한 헝가리 기사들에게 궤멸당하고 말았다. 그리하여 교황이 원하지 않았던 농민 십자군은 소아시아(오늘날의 터키)에 도착하기도 전에 모두 죽고 말았다.

이 농민 십자군과는 달리 제후들의 십자군은 더 늦게 조직되었다. 1096년 늦여름에서야 완전히 조직되어 출발하였다. 그러나 이들도 보급에 문제가 있기는 마찬가지였다. 이들은 때로는 농촌 마을을 약탈하기도 했고, 영주들에게서 대접을 받기도 했다. 이들의 이러한 행위를 알고 있던 동로마 제국의 황제는 이들에게 식량을 공급하고 재빨리 길을 터 주었다. 이리하여 1096년 6월 십자군은 예루살렘에 당도하여 7월 예루살렘을 정복하였다. 그리고 곧바로 이교도에 대한 잔인한 학살을 자행했다. 그리고 예루살렘 왕국을 수립했고 시리아 일대에도 십자군의 국가를 세웠다. 예루살렘 왕국을 수호하기 위해 기사단들이 조직되었다. 1144년 이슬람 세력이 시리아의 십자군 국가 중 하나를 점령하자 2차 십자군이 조직되었으나 영토를 회복하는 데에는 실패했다. 1187년에는 예루살렘 왕국마저도 이슬람의 수중에 들어가자 대규모의 십자군이 조직되었으나 이것 역시 실패했다. 그 이후에도 8차 십자군에 이르기까지 여러 차례 십자군을 조직했으나 성지 회복에는 번번이 실패하고 말았다. 갈수록 신앙심보다는 현실적인 이익이 십자군을 지배했기 때문이었다. 가령 4차 십자군은 아드리아 해에서 비잔티움 제국의 세력을 몰아내려는 베네치아 상인들에게 이용당했다. 베네치아 상인들은 십자군 지도자들을 설득하여 그들에게 선박을 제공하는 대신 비잔티움 제국의 수도인 콘스탄티노플을 공격하도록 했다. 십자군 전사들은 이슬람이 아닌 기독교 국가를 공격했고, 콘스탄티노플을 함락시켰다. 그리고 이들은 자신들이 지배하는 라틴 제국을 세우기까지 했다.

 십자군은 결국 성지 회복이라는 본래의 목적을 달성하지 못한 채 끝났다. 그러나 십자군은 유럽이 해외로 진출한 첫

사례였다. 그만큼 유럽 사회가 안정되었음을 보여 주는 사건이었다. 더욱이 당시에는 선진 지역이었던 이슬람과 비잔틴 문화를 접하게 됨으로써 서유럽이 큰 영향과 자극을 받게 되었다. 또한 서유럽과 이슬람이 교역을 재개함으로써 대규모의 무역이 다시 발달하게 되었고 대규모의 무역은 다시 유럽 내부의 상업을 부활시키고 도시를 발전시키는 계기가 되었다.

물품의 교환은 어떻게 이루어졌나?

10세기 말부터 시작된 상업의 부활은 크게 보아 원거리 무역과 지방 상업이라는 두 가지 수준에서 진행되었다. 이처럼 두 가지로 나누는 이유는 어느 하나가 다른 하나를 자극한 것이 아니라 두 가지 상업이 각각 부활했다는 점을 강조하기 위해서이다. 이 둘은 각각 따로 발생했으나 서로 의존적인 관계임은 말할 나위가 없다.

먼저 원거리 무역은 십자군의 결과물이었다. 벨기에의 역사가 피렌(Henri Pirenne, 1862~1935)이 주장했듯이 8~9세기에 이슬람의 확장으로 인하여 유서 깊은 지중해 무역이 단절

되고, 유럽이 농촌 경제로 바뀌었다. 물론 오늘날 이 주장을 전부 다 받아들일 수 없음은 명백해졌다. 이슬람의 확장에도 불구하고 이탈리아 상인들은 여전히 교역을 하고 있었고, 흑해와 드네프르 강을 거쳐 북유럽으로 연결되는 무역로를 통하여 동방의 산물들이 유럽에 지속적으로 유입되었다는 주장도 있다.

그럼에도 불구하고 십자군을 기점으로 유럽과 이슬람 세계의 교역이 증가되었음은 부인할 수 없는 사실이다. 요컨대 교역이 있었느냐 없었느냐 하는 문제보다는 교역이 활발하게, 대규모로, 그리고 정기적으로 이루어졌느냐 하는 점이다. 즉 십자군 이전에도 이탈리아 상인들은 소규모이기는 하지만 중동과 무역을 하고 있었다. 그러나 그것은 직접 교역이 아닌 동로마 제국을 경유한 간접 무역이었고, 규모도 유럽 전체에 '상업의 온기'를 전달할 만큼은 아니었다. 그런데 십자군을 계기로 이러한 교역은 대규모의 무역으로 발전했다. 이러한 상업의 부활을 주도한 도시들은 베네치아, 제노바, 피사 등 이탈리아 도시들이었다. 이탈리아 도시들은 십자군에 대한 물품 수송을 담당했으므로 중동과의 무역을 주도했다. 이탈리아 상인들은 중동에서 물건을 들여와서 남부 프랑스, 스페인과 중부 프랑스에 이르는 무역로를 개척했다. 그리고 이 무역로를 따라 상업이 서서히 부활했던 것이다. 이러한 대규모의 무역은 지중해에서만 부활된 것이 아니었다. 북유럽에서도 플랑드르(오늘날의 벨기에) 지방을 중심으로 독일 북부 지역, 덴마크, 노르웨이, 스웨덴, 멀리 러시아에 이르는 무역이 부활했다. 그리고 플랑드르에서 남쪽으로 내려오는 무역로는 프랑스의 샹파뉴라는 지방에서 만나게 되었고, 이 지방에는 지중해와 북유럽의 수많은 상품들이 거래되는 대규모의 시장이 형성되었다.

　안전의 확보가 상업을 촉진하게 된 요인이라는 점에서 보면, 봉건 사회의 안정과 더불어 안전이 확보된 것은 지방 상업의 부활을 가져온 요인이었다. 지방 상업의 부활은 사회의 안정에 따른 인구 증가, 이에 따른 생산물의 증가와 잉여 생산물의 창출, 그 결과 나타난 교환의 필요성으로 설명될 수 있다. 즉 사회가 안정되면서 인구가 증가하게 되었다. 인구의 증가는 곧 노동력의 증가를 가져왔을 뿐만 아니라 생산물을 안정적으로 확보할 수 있다는 것을 의미했다. 이리하여 생산물이 증가하게 되자, 생산물 중 남는 부분이 생기게 되었고, 이를 자신이 필요로 하는 다른 물품과 교환하게 되었다는 것이다. 여기에서도 사회의 안정은 중요한데, 그 이유는 지방 상업이 본격적으로 부활하기 이전에도 상업은 여전히 존재했을 테지만 그 규모가 미미했고, 사회가 안정되면서 비로소 소규모의 거래도 안전하게 이루어져서 지방 상업이 활발하게 이루어졌을 것이기 때문이다.

잉여 생산물이 생긴 농민은 그것을 교환하기로 마음먹고 이웃 마을의 농민과 일정한 시간에 일정한 장소에서 만나기로 했다. 그래서 그 장소에 나가서 교환했다. 이러한 교환이 여러 사람들에 의해 이루어지게 되면서 시장이 발생하게 되었다. 즉 시장이란 물건을 교환하는 장소 이외에 다른 기능은 없었다. 그것도 일주일에 한두 번 사람들이 만나서 물건을 교환하는 장소였다. 이들이 만나는 날이 아닌 다른 날, 장이 서지 않는 날에 그곳은 공터에 불과했다. 대개 이러한 장소는 사람들이 익히 잘 알고 있는 장소여야 했으며, 경우에 따라서는 안전한 장소여야 했다.

이들이 물건을 가지고 왔을 때 너무 무겁다면 어떻게 해야 할까? 아니면 오전 중에 자기가 가져온 물건을 다른 물건과 교환하지 못했다면 어떻게 해야 할까? 결국 이러한 필요를 충족시켜 줄 수 있는 서비스업이 생겨나야 할 것이다. 즉 물품의 하역을 돕거나, 식사를 제공하거나, 잠자리를 제공하는 것 등이 그것이다. 더 나아가 이제 사람들이 그곳에 아예 정착하면서 도시가 형성되었다.

사람들이 교환을 하는 경우 치안이 가장 문제가 되었으므로 방어벽이 있는 곳이 도시로 발전할 가능성이 높았다. 대개 로마 시대의 도시들은 방어벽 구실을 할 수 있는 경기장이나 신전을 가지고 있었으므로 시장이 발달하기 좋은 조건을 가지고 있었다.

어떤 사람이 상업에 종사했나?

오늘날에도 시골 장에 가면 직접 캐 온 나물을 팔고 있는 아주머니나 할머니들을 발견할 수 있다. 이들의 목적은 돈을 벌기 위한 것이 아니다. 사야 할 물건이 있거나, 병원에 가거나 또는 주민세와 같은 공과금을 낼 일이 있어서 약간의 돈을 얻기 위해 시장에 나온 것이다. 그러므로 이들은 오전 중에 물건을 팔고 오후에 병원에 가거나 시장 구경을 하거나 이웃 마을 사람을 만나 서로 소식을 전하고 듣는다.

이와 마찬가지로 맨 처음 시장에서 물건을 교환하던 사람들은 주변 농촌의 농민들이었다. 주변 농촌의 농민들은 자신이 필요한 물건을 얻기 위해서, 또는 농한기에 용역을 제공하여 돈을 벌기 위해서 시장에 모여들었다. 사실 중세와 같은 농업 사회에서 교환할 물건이란 주로 농산물이었을 것이다. 그런데 교환을 할 수 있다는 것은 그만큼 잉여 생산물이 있다는 것을 의미하는 것이며 그 소유자 또한 농민이었을 것이므로, 시장은 비교적 비옥한 농촌 지역에서 먼저 발달했으며, 이러한 시장에서 교환의 주체는 농민들이었다.

그러나 오늘날의 시장에는 아주머니나 할머니만 있는 것이 아니라 중심부에는 많은 물건을 놓고 파는 전문 상인들이 있다. 마찬가지로 중세의 시장에도 상업이나 서비스를 전문으로 하는 상인들이 있었다. 일찍이 앙리 피렌은 이들이 중세 농촌 사회에서 "뿌리 뽑힌 자들"이며 이들이야말로 "상업적 재능을 갖추고 영리욕에 따라 행동하며 '자본주의 정신'을 가진" 자들이라고 주장했다. 그는 핀체일의 고드릭(Godric of Finchale, 1065~1170)의 일생을 그 대표적인 예로 들었다.

고드릭은 11세기 말경 링컨셔의 가난한 농민 집안에서 태어났다. 그는 어린 시절 해변에서 파도에 떠밀려 온 표류물을 줍는 자였다. 그 이후 그는 어떤 행운의 표류물로 인해 행상이 되어 등짐을 지고 도처를 편력하였다. 그는 약간의 자본을 축적했고 어느 날 편력 도중에 만난 일단의 상인들과 합류했다. 그들과 더불어 그는 이 시장에서 저 시장으로, 한 정기 시장에서 다른 정기 시장으로, 한 도시에서 다른 도시로 편력하였다. 이처럼 직업 상인이 된 그는 급속하게 축재하여, 동료들과 조합을 결성하고 그들과 공동으로 상품을 선적하고 잉글랜드, 스코틀랜드, 덴마크, 플랑드르의 해안을 따라 해상 교역에 참여할 수 있을 정도가 되었다. 그의 조합은 아주 번창하였다. 그는 한 지역에서 풍부하게 생산되는 상품을 선적하여 이 상품에 대한 수요가 많은 다른 지역으로 운송함으로써 큰 부자가 되었다. 이때 신의 은총에 감명받은 그는 갑자기 상업을 포기하고 그의 재산을 가난한 자들에게 나누어 준 뒤 은둔자가 되었다.

고드릭의 이야기는 전문 상인이 되는 과정을 보여 준다. 고드릭이 이처럼 행상에 나서게 된 이유는 10세기경부터 시작된 유럽의 인구 증가와 관련이 있다. 이와 관련하여 우리는 『장화 신은 고양이』라는 동화를 상기할 필요가 있다.

잘 알려져 있다시피 이 동화는 방앗간집 셋째 아들이 유산으로 물려받은 고양이의 도움으로 왕의 사위가 된다는 성공담을 담은 동화이다. 방앗간 주인이 죽자 세 아들은 아버지의 유산을 나누어 가졌다. 큰아들은 방앗간을, 둘째 아들은 당나귀를, 그리고 셋째 아들은 늙은 고양이 한 마리만을 물려받았다. 세 명 모두 공평하게 나누어 가질 수는 없었을까? 그렇게 나누어 가졌다면 셋 다 굶어 죽었을 것이다. 재산을 분할해서 상속한다면 세 사람 모두 자신들의 가족을 먹여 살리기에 불충분한 재산만을 갖게 되어, 셋 모두 상속받은 재산을 늘리기는커녕 시간이 갈수록 유지조차 힘들어질 것이다. 따라서 어느 아버지라도 셋 모두에게 공평하게 주기보다는 장남부터 한 가족을 부양할 수 있을 정도의 토지를 차례대로 상속해 주었을 것이다. 결국 인구가 증가하면서 동화 속 셋째 아들처럼 토지를 상속받지 못하는 사람이 생기게 되고 이들은 자신의 삶을 스스로 개척해야 하는 처지가 되었다. 이들이야말로 '뿌리 뽑힌 자들'로서 순례 행렬을 따라 농촌을 떠나는 것이다. 이들은 농촌에 생계 수단을 가지고 있지 않았다. 아마도 이들은 물품의 하역과 같이 자본이 전혀 들지 않는 일부터 시작하여, 고드릭처럼 재수가 좋거나 혹은 약탈이나 절도를 통하여 (고드릭도 이런 경우에 속하는 것으로 추정한다.) 자금을 마련한 다음, 상업에 본격적으로 뛰어들었던 것으로 보인다. 초기에는 우리나라의 '장돌뱅이'처럼 시장을 돌아다녔고, 그중에서 성공한 사람은 더 큰 시장을 돌아다녔을 것이다.

그러나 이처럼 '뿌리 뽑힌 자들'만이 상인으로서 성공했을 것으로 생각되지는 않는다. 도시민들 대부분이 가까운 농촌 지역 출신이며, 가까운 지역일수록 더 많은 수가 이주해 왔음을 알 수 있다. 시장에서 차지하는 비중을 보더라도 '뿌리 뽑힌 자들'이 교환하는 물품의 양보다 주변 농촌의 농민들이 거래하는 상품의 양이 훨씬 더 많았을 것이다. 따라서 상인이란 뿌리 뽑힌 자들이나 편력 상인보다는 주변 농촌 출신으로서 상업에 재능을 가진 자들이라고 할 수 있다. 더욱이 도시가 발전하는 초기 단계에서는 원래부터 거주하던 토박이들이 도시의 유력자들이었던 점을 감안하면, 외부에서 들어온 상인들의 영향력은 그다지 크지 않았다고 할 수 있다.

중세 도시민은 농노가 아니었나?

"도시의 공기는 자유를 만든다."[5]는 중세의 유명한 속담은 오랫동안 도시의 특징을 나타내는 말로 자리 잡았다. 그리하여 도시는 농노제가 지배하는 농촌과 구분되는 지역이며 '봉건제의 섬'으로 인식되었다. 이러한 인식은 일찍이 혁명에 성공한 부르주아지가 자신들의 유구한 기원과 혁명적 성격을 중세 도시민들로부터 찾으려는 데에서 비롯되었다. 19세기의

---

5) 장원의 영주 아래 있던 농노들은 이동의 자유가 없었지만 도시로 도망쳐서 일정 기간(보통 1년 1일) 이상 영주에게 들키지 않으면 자유로운 시민이 될 수 있었다. 여기서 유래한 말이다.

역사가들은 대체적으로 부르주아의 기원이 중세 도시에 있으며, 도시민들이 중세 시대에 투쟁을 통해 자유를 획득한 이래 절대 왕정에 의해 한동안 자유를 침탈당하기도 했으나 결국 일련의 혁명으로 승리를 쟁취하게 되었다고 주장했다. 이러한 경향은 중세 도시를 상공업의 중심지로 파악한 피렌도 마찬가지였다. 그리하여 피렌 역시 중세 도시와 도시민을 농업에 기반을 두고 있던 주변의 농촌, 그리고 영주에 예속된 농민과는 확연하게 구분되는 "봉건 제도에 둘러싸인 섬"으로 파악하고, 벨기에 민주주의의 기원을 중세 도시에서 찾았다. 그러나 이처럼 중세 도시의 특징을 자유와 자치로 파악하는 것은 많은 반론에 부딪혔다. 앞서 언급했듯이 중세 도시는 고대 로마의 도시가 남아 있던 곳에 인구가 집중됨으로써 형성되는 경우가 많았고, 영주가 경제적 목적으로 도시를 만드는 경우도 있었다. 무엇보다 도시는 농촌과 확연히 구분되는 섬이 아니라 농촌과 긴밀한 관계를 가지고 있었다. 도시가 누렸던 자유와 자치 역시 도시에 따라 다양한 양상을 띠었으며 농촌 역시 해방장과 같은 특권을 가진 경우도 있었다.

그러나 중세 도시가 자유와 자치를 누렸던 것만큼은 사실이다. 도시민들은 우선 인신상의 자유를 필요로 했다. 상인과 수공업자들은 도시로의 이주를 보장받거나 직업상의 이유로 이동해야 할 때 신체의 자유를 원했다. 영주는 시장에서 물건을 판매하는 데 대해 세금을 부과하곤 했는데, 상인들은 이 세금을 영주 마음대로 올리지 않기를 원하였다. 뿐만 아니라 재판에서도 영주나 기사들은 자의적인 재판을 하기 일쑤였다. 도시민들은 자신들의 필요와 영주의 횡포에 대항하기 위해 자유와 자치를 원했던 것이다. 영주로서도 자치를 부여하는 것이 편리한 측면이 있었다. 영주는 시장이 생김에 따라 그곳에서 장사하는 사람들로부터 세금을 징수할 수 있었는데, 성문을 통과할 때 징수하거나 판매할 물건 전체에 대해 세금을 매기는 방법을 사용하곤 했다. 그러나 매번 이들로부터 세금을 징수하는 것은 쉬운 일이 아니었다. 그리하여 영주는 이러한 세금들을 일 년에 몇 차례에 걸쳐 일괄 납부하는 방식을 선호했고, 이 일을 도시민들의 대표에게 맡길 수 있었다.

도시민들은 자유와 자치를 돈을 주고 사거나 폭력을 통해서 쟁취하였다. 폭력을 수반하는 경우 주도적 역할을 하는 소수와 이에 동조하는 다수가 있었다. 이들은 서약을 통해 단결하고 **코뮌**[6]을 형성했다. 그러나 이러한 코뮌은 갑자기 생긴

---

6) 11~13세기 프랑스에서 발달한 도시 자치 단체를 가리키는 말이다. 본래 서로 평화를 서약한 주민 공동체로, 사회 혼란이나 영주권의 남용에 대항해 주민들이 사회 질서의 안정을 도모하기 위해 서로 단결하여 왕과 영주의 인가를 받은 사회

것이 아니라 그 이전부터 다른 형태로 존재하던 결사체가 서약이라는 과정을 거침으로서 구성원들의 결속력을 강화한 것이라고 볼 수 있다.

  도시민들이 획득한 자유의 내용은 특허장(Charter)[7]에 기록되어 있다. 특허장에 따르면 도시 내에 1년 1일을 거주하면 도시민으로 인정받았다. 또한 도시민들이 보유한 주택이나 토지를 영주가 마음대로 압수하거나 점유할 수 없도록 했다. 그러나 특허장 중에서 가장 많은 항목은 재판과 벌금에 관련된 규정이었다. 이 조항들이야말로 특허장을 작성하게 된 계기였다고 할 수 있다. 영주의 판결이 공정하고 그동안의 관습을 깨트리지 않는다면 굳이 특허장을 작성할 필요가 있었을까? 특허장을 작성할 당시 도시민들은 영주의 자의적인 판결로 인해 많은 불만을 가지고 있었고, 여기에 대해 폭력적인 방법이나 위협을 가하거나, 또는 평화적인 방법으로 이에 대한 시정을 요구하여 특허장이라는 문서로 남겼던 것이다. 도시에 따라 당면한 문제가 달랐을 것이므로 특허장의 내용은 다양할 수밖에 없었다. 이처럼 특허장의 다양한 내용 중에서

단체이다.

7) 국왕이나 영주가 도시의 자치에 관한 여러 권한을 승인한 문서로 시민 자치의 법적 근거가 되었다.

공통된 부분을 추출한다면, 앞서 말했듯이 도시민의 자격이라든가 도시민들이 보유하게 되는 몇 가지 권리만이 남게 된다. 그런데 이러한 자격이나 권리는 거의 관용적인 문구에 가까운 것으로서 이것이 도시민들의 당면 문제는 아니었다.

길드란 무엇인가?

도시민들은 자유와 더불어 자치를 획득했다. 자치 정부의 구성 역시 특허장에는 나오지 않는다. 오히려 특허장에서는 그 존재를 당연시하는 듯한 인상을 받는다. 이로 미루어 볼 때, 자치 정부란 그 이전부터 존재했던 도시민들의 대표자 모임쯤 되는 것이 제도로 정착된 것이라고 할 수 있다. 사실 자유와 자치를 획득하는 과정에서 어떤 종류의 조직이 있었을 것으로 생각된다. 대체로 이 조직은 같은 종류의 직업에 종사하는 자들의 조합이었을 것이다. 같은 직업에 종사하는 사람들은 물건을 구매하거나 판매할 때 안전을 위해 무리를 지어 이동하거나 돈을 추렴하여 기사를 고용하였다. 이 과정에서 물건을 빼앗기거나 목숨을 잃은 사람에게는 그와 그 가족을 도와주었다. 그러나 직업을 고리로 한 조합뿐만 아니라 같은 지역에 살거나 같은 교회에 다니는 사람들의 모임도 있었다. 이들은 같은 성인을 모시고 축제를 관장하기도 했다. 중세 도시 초기의 조합이란 널리 알려져 있듯이 직업상의 이익을 위한 집단이라기보다는 상호 부조를 위한 결사체였다. 중세 초 도시가 확대되기 전, 로마의 원형 경기장에서 집을 짓고 살던 시절에는 인구도 그다지 많지 않았으므로 그 자체가 하나의 공동체를 이루고 있었다. 그러나 인구가 증가하고 도시가 확대되자 과거처럼 직접 대면을 통한 유대 관계의 형성은 불가능해졌다. 이에 따라 사람들은 새로운 유대 관계 형성을 통해 팽창하는 도시를 재조직해야 할 필요를 느꼈던 것이다. 그리하여 다양한 결사체를 구성하게 되었는데 그것이 조합이다. 새로운 전입자에 대해 환대해 주거나 같은 직업에 종사하는 사람들끼리 술을 마시는 방식으로 자신들의 새로운 유대를 만들어 나갔던 것이다. 다만 도시가 점차 상업의 중심지로서 역할을 하게 되면서 직업상의 결사가 중요해졌고, 조합은 차차 자신들의 이익을 보호하기 위한 집단으로 변모하여 도시 내에서 조합의 허가 없이는 판매를 하지 못하게 하고, 다른 도시와 상권을 놓고 다투기도 했다.

도시가 경제적으로 발전하면서 직업상의 결사체가 중요해

졌고, 이에 따라 모든 직업이 다 조합(**길드**)[8]으로 조직되어 있었는데, 이러한 조직의 구성 역시 직업에 따라 치밀한 조직을 가진 조합과 그렇지 않은 조합이 있었다. 예를 들어 모직물과 관련된 조합의 경우 털 깎는 공정부터 빗질, 방적, 축융, 직조, 염색에 이르기까지 독립된 조합을 가지고 있었다. 그리고 각각의 조합은 비교적 상세히 작업을 규정한 정관을 가지고 있었다. 그러나 농산물이나 생선 상인의 경우 여러 종류의 농산물 판매자들이 하나의 조합을 결성하거나 독립된 조합을 결성하더라도 동일한 정관을 가지고 있었다.

조합은 일정한 정도의 기술을 가진 상인과 수공업자들로 구성되어 있었다. 이들은 어려서부터 견습공의 기간을 거치면서 기술을 습득한다. 이 기간 중에 견습공은 장인의 집에서 기숙하면서 허드렛일로부터 시작하여 점차 기술을 배우게 된다. 5~7년 정도 지나 일정한 기술을 습득하면 장인이 될 수 있었다. 그러나 다양한 기술의 습득이나 경제적인 문제로 인하여 곧바로 자신의 작업장이나 가게를 열지는 않고, 직인의 과정을 거쳤다. 직인은 장인의 작업장에서 일하며 급료를 받

---

[8] 중세 유럽의 상공업자들이 만든 동업자 조합을 가리킨다. 11~12세기에는 영주의 권력에 대항하면서 도시의 정치적·경제적 실권을 쥐었으나, 근대 산업의 발달과 함께 16세기 이후에 쇠퇴하였다.

앗다. 물론 견습공의 기간 중에도 급료를 받는 것이 원칙이지만, 대개 장인의 집에 기숙하므로 기숙 비용으로 차감하게 마련이다. 견습 기간은 물론이고 직인으로서도 어느 정도 기간이 지나면 자신의 작업장을 가질 수 있었다.

중세 도시에서 조합이 중요한 이유는 이 조직에 기초하여 자치가 이루어졌기 때문이다. 자치 정부의 구성은 조합을 대표하는 자들에 의해 선출되었다. 대개 도시 내에서 유력한 조합의 대표자들이 모여서 시행정관과 시장을 선출했다. 도시마다 약간의 차이가 있기는 하지만 대개 모직물 상인, 주점업자, 금은 세공업자, 잡화상 등 비교적 큰돈을 만지는 직업 종사자들이 도시 내의 유력한 조합에 속했으며, 푸주한과 제빵업자와 같은 필수 불가결한 직업의 조합이 비교적 센 발언권을 갖는 경우도 있었다. 선출 방식은 대개 호선, 즉 추천 호명과 더불어 재청 또는 박수로 결정하는 방식이었다. 시행정관과 시장은 보수가 없었으므로 당연히 부유한 시민들만이 할 수 있는 직위였다. 시행정관의 숫자는 네 명에서 마흔여덟 명에 이르기까지 다양했으며 도시의 크기와 비례하는 것도 아니었다. 대개 시장은 시행정관 중에서 선출되게 마련이었고 시행정관의 대표자로서 시행정관보다 그다지 큰 권한을 갖는 직위는 아니었다. 시장과 시행정관 이외에 서기와 감독관 등

행정에 필요한 인원도 있었는데, 이들은 시장이 지명할 수 있었다. 시장과 시행정관의 업무 중에서 가장 중요한 것은 재판권의 행사였다. 대개 상급 재판권에 속하는 살인, 강도, 절도 등은 여전히 영주의 권한에 속했으나 그 이외의 재판은 시장과 시행정관이 주재했다. 재판은 대개 벌금형이었는데, 이는 자치 정부의 수입원이기도 했다. 또한 영주와의 세금이나 재판권에 대해 협상하기도 했으며, 그 이외에 시민들로부터 각종 세금을 징수하고, 조합들이 정관을 잘 준수하는지를 감독했다. 민병대를 조직하여 야간 순찰을 돌기도 했으며 경우에 따라서는 민병대를 이끌고 전투에 참가하는 경우도 있었다. 민병대 역시 조합이나 구역을 기초로 하여 조직되었으며, 평상시에는 2~4명이 한 조를 이루어 야간 순찰을 했다.

자치 정부를 구성했던 사람들은 앞서 말했듯이 유력한 조합의 대표자들이었다. 도시가 자치권을 부여받았던 때에는 여전히 성당 납품업자와 같은 전통적인 세력이 도시의 유력자 구실을 했으나, 경제가 성장하고 상공업이 중요해지면서 전통적인 유력자들보다는 새로운 직업에 종사하는 계층이 도시의 유력자 위치를 차지했다.

도시는 어떤 모습이었을까?

중세 도시는 오늘날의 도시에 비하면 매우 작은 규모였다. 인구는 5,000명 내외였으며, 파리와 같은 도시만이 20만 명을 수용하고 있었다. 베네치아, 제노바 등 북부 이탈리아의 주요 도시들도 10만 명 내외였다. 대도시라고 하더라도 15,000~25,000명이었다. 그러나 인구에 비해 도시의 영역이 좁았기 때문에 도시의 주택은 4층까지 올라갔고, 층수가 올라갈수록 건물은 도로 쪽으로 튀어나왔다. 이로 인하여 도로는 매우 어두웠고 비좁기까지 했다. 하수 시설이 전혀 없었으므로 비가 오면 주택의 지붕에서 도로 한가운데로 낙숫물이 떨어져서 도로의 중앙 부분이 도랑처럼 패여 하수도 구실을 했다. 더욱이 주택에는 화장실이라고 할 만한 것이 없어서 요강과 같은 커다란 통에 분뇨를 받아 두었다가 창밖으로 던졌기 때문에 도로는 지저분하기 이를 데 없었다.

그러나 도시의 성벽 내부에 건물이 빽빽이 들어서 있었던 것은 아니었다. 성벽 내부에는 포도밭이나 채마밭, 개간지도 있었다. 말하자면 절반은 시골이었던 셈이다.

대도시의 경우 인구가 증가함에 따라 여러 차례 새로운 성벽을 넓혀서 쌓았다. 로마 시대부터 존재했던 도시들은 중심부는 격자형으로 이루어져 있으나 그 주변으로는 원형, 또는 방사형으로 확대되었다. 이것은 로마 시대의 도시가 계획에 의해 만들어진 도시였던데 비해 중세의 도시는 시장을 중심으로 발달했기 때문이다. 그리고 새로운 성이 축조되는 경우 과거의 성벽은 도로로 사용되기 때문에 오늘날에도 그 규모를 쉽게 알 수 있다. 즉 중세부터 존재했던 도시에서 오늘날의 간선 도로들은 대개 과거의 성벽이 있던 자리였다는 것이다. 그리고 대개 마지막 성벽이 있던 자리는 외곽 도로를 형성하고 있으며, 근대에 이르러 그 너머로 도시가 확장될 때에는 격자형의 모습을 하고 있다.

4

중세 유럽은
기독교 세계였을까?

- 기독교의 영향력은 어느 정도였을까?
- 교육과 문화 분야에 기독교는 어떤 영향을 끼쳤을까?
- 건축 분야에 기독교는 어떤 영향을 끼쳤을까?

기독교의 영향력은 어느 정도였을까?

중세를 암흑시대라고 부르게 된 것은 르네상스 때부터였다. 중세를 이처럼 암흑으로 본 이유는 기독교가 지배했던 시대라고 생각했기 때문이었다. 즉 이성이나 합리성보다는 신앙과 믿음이 우선했던 시대라고 생각했기 때문이었다. 물론 중세 시대에 기독교의 영향력은 막대했다.

중세의 기독교는 전 유럽에 걸쳐 영향력을 행사할 수 있는 유일한 조직이었고, 그 우두머리인 교황이야말로 국왕보다 더 높은 위치에 있었다. 11세기 말 교황 그레고리우스 7세(Gregorius VII, ?1020~1085)는 성직자의 서임권 문제로 신성 로마 제국(독일)의 황제 하인리히 4세(Heinrich IV, 1050~1106)와 갈등을 빚자 그를 파문했다. 파문이란 기독교 세계로부터 쫓아내는 것을 말하는데, 파문을 당한 기독교도는 현실 세계에서 다른 기독교도로부터 전혀 도움을 받을 수 없을 뿐만 아니라 내세에서도 전혀 구원을 받을 수 없다. 황제에 대한 파문은 결과적으로는 그를 못마땅해 하던 제후들이 대항할 수 있는 근거를 제공해 주는 것이었다. 결국 하인리히 4세는 북부 이탈리아의 카노사에서 휴가 중이던 교황을 찾아가 사흘 밤낮을 성문 밖에서 참회했다.[9] 이에 교황은 파문을 철회했다. 파문을 당한 군주는 하인리히 4세만이 아니었다. 프랑스의 국왕 필리프 1세(Philip I of France, 1052~1108)는 교황이 파문시키겠다고 위협하자 굴복하였고, 영국의 존 왕(John, 1167~1216) 역시 교황 인노켄티우스 3세(Innocentius III, 1198~1216)에게 굴복했다.

이러한 교황의 절대적 권력만이 기독교의 영향력을 말해 주는 것은 아니다. 기독교의 영향력은 봉건 기사들에게도 미쳤다. 중세의 기사들은 원래 난폭하고 잔인했다. 이들은 용맹과 무력, 충성과 신의를 중요시했다. 그러나 이들이 점차 기독교 신앙을 받아들임으로써 불의를 배격하고 약자를 돕는

---

9) 이 사건을 '카노사의 굴욕'이라고 한다. 이 일은 가톨릭교회와 교황의 권력이 절정에 이르는 계기가 되었다.

것을 미덕으로 삼게 되었고, 비겁한 행위를 배격하고 명예를 존중하게 되었다. 이러한 기사도 정신은 기독교가 내세운 평화 운동 덕분이었다. 교회와 성직자들은 기사들에게 끊임없이 정의와 평화를 주입시켰다. 중세 초 교회는 일 년 중 일정한 기간 동안 전투를 금지하는 '신의 평화' 기간을 정해서 기사들의 폭력을 자제시키기도 했으며, 농번기에도 역시 전투를 자제해 줄 것을 당부하기도 했다.

중세 기사하면 떠오르는 마상 창시합, 즉 토너먼트(tournament) 역시 평화적 문제 해결이라는 이념이 영향을 끼친 결과였다. 기사들이 전투를 벌이게 되면 양측 모두 희생자와 부상자가 나오게 마련이었다. 이러한 희생과 부상을 줄이기 위해 양측에서 몇 명의 대표가 나와서 전투를 벌이게 되었고, 시간이 지나면서 대표의 숫자가 한 명으로 줄어들게 되었던 것이다. 한 명이 나와서 전투를 벌일 때에도 처음에는 실제 전투를 벌였고, 말에서 떨어지더라도 상대방이 항복을 하거나 죽을 때까지 전투를 벌였으나, 점차 완화되어 말에서 떨어지면 패배하는 것으로 바뀌었고 그나마 나무로 만든 창을 사용하게 되었다. 이로써 기사들은 전투를 즐기면서도 희생을 줄일 수 있었던 것이다.

뿐만 아니라 기독교는 일반 민중의 생활에도 막강한 영향력을 행사했다. 로마 가톨릭 교회는 7성사를 통해 사람들을 천국으로 인도한다고 했다. 사람이 태어나면 성세 성사를 받아야 하고, 결혼할 때에는 혼인 성사를, 살아가면서 고해 성사와 성체 성사를 해야 하며, 죽을 때조차도 병자 성사를 받아야 했다. 사정이 이러했으므로, 중세인은 교회를 떠나서는 태어날 수도 죽을 수도 없다는 말이 있을 정도였다.

그러나 기독교가 모든 생활을 완전히 지배한 것은 아니었다. 기독교조차도 중세인들이 가지고 있었던 고대 로마 인과 게르만 인들의 이교적인 관습을 완전히 없애지 못했고, 상업이 발달함에 따라 세속적인 가치도 점점 더 확산되었던 것이다.

가령 영국의 '바보 축제'에서는 창녀를 주교좌에 앉히기도 했다. 특히 농민들의 생활은 여러 종류의 축제와 함께 이루어져 있었다. 이러한 축제는 대개 농사가 잘되기를 빌거나 곡식의 수확에 감사하는 것이었는데 이러한 축제의 기원은 기독교적인 것이라기보다는 오래전부터 농촌 사회에 전해져 내려온 게르만 족의 관습인 경우가 많았다. 예를 들어 추수가 끝난 뒤 벌이는 핼러윈 축제는 원래 북유럽에서 죽은 자들의 영혼을 달래기 위한 축제였다. 죽은 자들의 영혼이 10월 30일 밤에 무덤에서 나와서 돌아다니기 때문에 이 영혼에 홀리지 않기 위해 모든 사람들은 밤새 불을 피우고 그 주위를 돌면서 춤을 추기도 했고 교회는 종을 울리기도 했다. 이러한 이교적인 축제를 교회가 금지한다면, 한 해의 추수를 축하해야 하는 농민들의 입장에서는 아마도 그 축제를 거행하지 않기보다는 기독교를 믿지 않는 편을 택할 것이다. 따라서 교회로서도 이러한 축제를 금지하기보다는 11월 1일을 '죽은 자들의 영혼의 축제'가 아니라 '모든 성인의 날(만성절, All Saints' Day)'이라고 이름을 붙임으로써 이교적인 축제를 기독교의 틀 안으로 흡수했다.

기독교의 중요한 축일 중 하나인 부활절 역시 시기상으로 보아 농민들이 씨를 뿌리고 싹트기를 기다리는 시기와 일치한다. 이때는 파종이라는 바쁜 시기를 지나 잠시 쉬는 기간이었다. 그 의미에서도 곡식의 싹이 튼다는 점에서 부활과 일치하기 때문에 교회에 있어서나 농민들에게 있어서나 중요한 축일이 될 수 있었다. 만약 부활절이 바쁜 농번기와 겹쳤다면 중세 농민들은 부활절을 중요한 축일로 여기지 못했을 것이다. 부활절 다음에 찾아오는 오월제 역시 북유럽의 전통 신앙에서 유래한 것이었다. 이 축제는 나무 기둥을 세우고 그 주위를 빙빙 돌면서 춤을 추기도 하고 불을 피우고 그 불을 뛰어넘기도 했는데, 이 축제는 나무의 생명력을 빌어 풍년을 기원하며 이제 막 방목되기 시작한 가축들이 무사히 여름을 지내기를 비는 것이었다. 대개 이러한 축제 기간 중에 사람들은 과음과 폭식을 일삼았으며 경건하지 않은 행위도 서슴지 않고 했다. 또한 가면을 쓰고 돌아다니거나 교회 마당에서 춤을 추기도 했다. 이렇듯 중세인들의 생활은 대체적으로 종교적이었지만, 다른 한편으로는 세속적이고 이교적인 측면을 동시에 가지고 있었다.

교육과 문화 분야에 기독교는 어떤 영향을 끼쳤을까?

기독교의 영향력이 가장 두드러지게 나타난 분야는 교육과 문화 분야였다고 할 수 있다. 교회가 가르치는 진리는 절대적인 것이었으며 신학이야말로 모든 학문의 으뜸이었고 철학은 신학의 시녀였다. 이러한 기독교 신학은 아우구스티누스(Aurelius Augustinus, 354~430)를 비롯한 교부들에 의해 이루어졌다. 아우구스티누스에 따르면 인간은 원죄를 짓고 하늘의 도시로부터 추방당하여 지상의 도시에 태어났으나, 하느님을 믿음으로써 구원을 받을 수 있다는 것이다. 이러한 기독교 신학에 아리스토텔레스(Aristoteles, B.C.384~B.C.322)의

철학이 가미되어 중세의 **스콜라 철학**이 탄생했다. 스콜라 철학에서는 이성을 중요시하지만 신앙보다 이성이 아래에 있다고 생각한다. 이러한 스콜라 철학은 교회나 수도원의 부속 학교를 통해 더욱 풍부해졌으며, 대학을 통해서 더욱 발전했다.

대학이란 원래 유명한 신학자의 가르침을 받기 위해 여러 사람들이 모여든 것에서 기원한 것이다. 사실 이러한 방식의 교습은 견습공이 기술 좋은 수공업자에게서 기술을 배우는 것과 같은 방식이었다. 그런데 유명한 신학자 곁에 점차 많은 학생들이 모여들게 되자 이들이 조직을 결성한 것이 대학이었다. 대학을 의미하는 **우니베르시타스**(universitas)는 학생과 교사들의 조합이었다. 맨 처음 생긴 대학은 이탈리아의 볼로냐 대학이었고 뒤이어 프랑스에 파리 대학이 생겼으며, 그 이후인 13세기부터는 유럽 전역에 대학이 설립되었다. 이렇듯 대학이 교회나 수도원의 영향하에서 태어났으므로 대학에서 가장 권위 있는 학문은 신학이었다.

건축 분야에 기독교는 어떤 영향을 끼쳤을까?

신학과 더불어 기독교의 이념이 가장 두드러지게 표현된

분야는 건축이라고 할 수 있다. 특히 중세에 지어진 성당은 오늘날까지도 그 위용을 자랑하고 있으며 현대인의 경탄을 자아내고 있다. 11세기 이전까지 중세의 성당 건축은 비잔티움 양식을 모방하는 수준에 그쳤으나, 그 이후 로마식의 아치를 갖춘 **로마네스크 양식**이 발전하였다. 로마네스크 양식의 건물은 아치를 사용하였으므로 비교적 넓은 내부 공간을 확보할 수 있다는 장점이 있었다. 건물의 기둥을 세우고 그 위에 두 기둥을 잇는 보를 얹게 되는데, 이때 보를 수평으로 얹기만 하면 위에서 내리누르는 하중이 엄청나서 기둥 사이의 간격을 넓혔을 때 보가 가운데로 처지거나 부러지고 만다. 따라서 수평으로 보를 얹을 경우 기둥 사이를 넓힐 수 없고, 이

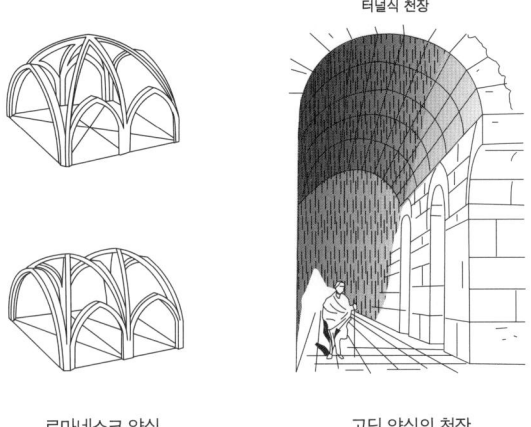

로마네스크 양식   고딕 양식의 천장

에 따라 건물 내부 이곳저곳에 보를 떠받치는 기둥이 세워지게 되므로 내부 공간이 협소하다. 로마네스크 양식에서 사용된 아치는 이러한 단점을 극복한 것이었다. 아치를 사용하면 위에서 내리누르는 하중이 아치를 타고 흘러내려서 아치의 끝부분, 즉 기둥에 집중된다. 따라서 아치를 크게 만들면 만들수록 기둥 사이는 넓어질 수 있는 것이다. 그런데 이렇게 하면 위에서 내리누르는 하중이 전부 기둥에 걸리게 되므로 기둥이 두꺼워질 수밖에 없다. 로마네스크 양식에서는 아치를 계속 연결하여 지붕과 천장이 아치로 되어 있는 터널과 같은 실내를 만들었다. 즉 벽이 기둥 구실을 하는 것이었다. 그러므로 벽이 두꺼워질 수밖에 없었고, 이에 따라 실내가 매우 어두웠다. 이러한 단점을 극복하고 12세기부터 나타난 것이 **고딕 양식**이었다. 고딕 양식은 로마네스크 양식에서 하듯이 아치를 늘어세우는 것이 아니라 두 개의 아치를 교차시켜서 뾰쪽한 아치를 만들었다. 이렇게 되면 기둥에 모든 하중이 걸리는 것은 로마네스크와 다를 바가 없으나 두 개의 교차된 아치의 끝에 연결된 네 개의 기둥을 제외하면 나머지 벽에는 하중이 걸리지 않게 된다. 따라서 이러한 벽을 창문으로 활용할 수 있게 되었다. 이러한 창문에는 색유리창을 끼워 넣어 찬란하고 화려한 빛이 교회 내부에 퍼지도록 만들었다. 그러나 문제가 없는 것은 아니다. 과거에는 벽 전체가 받던 하중을 단 네 개의 기둥이 받게 되므로 기둥이 두꺼워야 했다. 그렇다고 해서 기둥을 무한정 두껍게 만들 수 없었으므로 기둥을 두껍게 만드는 대신 기둥의 힘을 분산시켜 주는 보조 기둥을 세우고 그 기둥과 원래의 기둥을 연결하는 부벽을 만들었다. 부벽을 이용하면 건물을 훨씬 높게 올릴 수 있었다. 아울러 건물의 중심부에는 뾰쪽한 첨탑을 세워서 천국을 향해 나아가려는 의지를 표현했다.

5

흑사병은 중세의 삶을 어떻게 변화시켰을까?

- 흑사병으로 얼마나 많은 사람들이 죽었을까?
- 흑사병은 중세인들의 삶에 어떤 영향을 끼쳤을까?
- 교황과 교회의 권위는 어떻게 실추되었을까?

흑사병으로 얼마나 많은 사람들이 죽었을까?

14세기에 들어서면서 유럽은 위기에 봉착했다. 1300년경까지 유럽의 인구는 지속적으로 증가했지만, 그 이후 감소하기 시작했다. 인구가 증가할 때 늘어나는 인구를 부양하기 위해서는 더 많은 농경지를 필요로 한다. 따라서 사람들은 개간과 간척을 했다. 그러나 농경지가 무한정 늘어날 수는 없기 때문에 더 이상 개간할 땅이 없어지면 늘어나는 인구를 먹여 살릴 수 없게 되어, 인구는 줄어들게 되는 것이다. 14세기 유럽이 이러한 상황에 처해 있었는데, 여기에 더하여 1348년부터는 흑사병이 번져 나갔다.

흑사병이 시작된 곳은 중앙아시아였을 것으로 추정하고 있다. 여기서 시작된 흑사병은 급속도로 확산되어 중동 지방을

흑사병 이후 등장한 「죽음의 춤」

거쳐 이곳과 무역을 하고 있던 이탈리아 상선을 통해서 유럽에 전해졌다. 유럽에서는 1348년 봄 베네치아에서 처음 흑사병이 발생한 이후 급속도로 번져 나가서 1349년에는 서유럽 전역이 흑사병의 피해를 입었고, 1351년까지는 러시아에 이르는 전 유럽 지역이 타격을 입었다.

흑사병이 이처럼 급속도로 확산된 것은 그 병의 원인을 몰랐기 때문이었다. 대개 사람들은 이 무서운 질병을 하나님의 심판으로 생각해서 교회에 찾아가 자비를 빌었고, 이것이 병의 전파 속도를 더 빠르게 하였다. 일부 사람들은 유대 인이 우물에 독약을 풀었다고 생각하여 유대 인을 처형하기도 했고, 악마의 소행이라고도 했다.

흑사병의 결과에 대해서는 여러 가지 서로 다른 주장이 있다. 인구의 절반 이상이 사망했다는 주장이 있는가 하면 그다지 많이 죽지 않았다는 주장도 있다. 많은 연구자들은 대체적으로 전체 인구의 3분의 1정도가 사망했다는 데 동의하고 있다. 그러나 흑사병의 영향은 인구 감소에 그치는 것이 아니었다. 흑사병이 중세인들에게 가져다준 것은 공포 그 자체였다. 원인도 모르는 채 사람들이 죽어 나가는 것을 목격한다면 누구라도 공포감을 느낄 것이다. 이러한 공포심은 중세인들에게 어두운 세계관을 가져다주었으며 여러 가지 사회 문제들을 더 첨예하게 만들었다. 흑사병 이후 회화의 소재로 종종 이용된 것이 해골의 춤이었다는 사실로부터 중세인들의 공포심과 어두운 미래관을 엿볼 수 있다.

흑사병은 중세인들의 삶에 어떤 영향을 끼쳤을까?

농촌의 위기

흑사병은 그렇지 않아도 감소하던 인구를 결정적으로 떨어뜨렸다. 인구 감소는 노동력의 감소를 가져왔고 이로 인하여 생산성이 낮은 토지나 비옥하지 않은 토지에서는 더 이상 농사를 짓지 않게 되었다. 노동력이 줄어들게 되자 토지를 가지고 있던 영주는 더 많은 노동력을 확보하기 위해 토지를 대신 경작하는 농노에게 더 좋은 조건을 제시할 수밖에 없었으므로 영주의 권한이 약화되었다. 게다가 노동력이 부족해져서 농사를 짓는 토지의 면적도 줄어들게 되었다. 이에 따라 영주의 수입도 줄어들었다. 영주는 줄어드는 수입을 보충하기 위해서 농민의 부담을 낮추어 주거나 신분적 속박을 완화해 줄 수밖에 없었다. 한편 인구가 줄어들자 곡물을 필요로 하는 사람 역시 줄어들었기 때문에 곡물의 가격이 떨어졌다. 이와는 반대로 노동력은 부족해져서 임금이 높아지게 되었다. 이에 따라 영주는 임금 노동자를 이용하여 자신이 직접 경영하던 토지를 운영하기 힘들어지게 되었고, 이러한 토지조차도 농민에게 임대해 주게 되었다. 대신 영주는 농민들로부터 농산물로 받아 오던 토지 임대료를 화폐로 내도록 하였고, 이 화폐 수입으로 시장에서 농산물을 구입하였다. 이리하여 영주는 굳이 농민들을 속박시켜 놓고 그들의 노동력을 이용할 필요가 없어졌다. 이렇게 되자 영주는 이들을 해방시켜 주고 그 대가로 돈을 받는 편이 낫다고 생각하여 농민들을 각종 부담으로부터 해방시켜 주게 되었다. 이제 영주는 농민에 대해 경제적 권리인 임대료만을 받게 되었고, 과거처럼 농민을 신체적으로 구속할 수 있는 권리는 갖지 않게 되었다. 이로써 영주는 소작농들로부터 임대료를 받는 단순한 지주로 변화하게 되었다.

물론 농민의 해방 과정이 순탄한 것만은 아니었다. 일부 영주들은 경제 상황이 악화되자 농민에 대한 각종 부담금을 높이려고 시도하기도 했다. 그러나 일단 지위가 나아진 농민들이 더 좋지 않은 조건을 받아들일 리가 없었다. 그리하여 농민들은 영주에게 반발하기 일쑤였고, 이러한 반발은 종종 반란으로 발전하였다. 그리하여 14세기 후반 프랑스와 영국에서는 대규모의 반란이 일어나기도 했다.

도시의 위기

인구 감소는 농촌에만 영향을 끼친 것은 아니었다. 농업 생산의 감소는 도시에 타격을 주었다. 농촌으로부터의 잉여가 유입되지 않게 된 것이다. 이와 더불어 인구가 줄어들자 도시의 수요 역시 줄어듦으로써 상품은 과잉 생산된 상태가 되었다. 생산 과잉은 생산자들 사이의 경쟁을 낳았고, 이는 다시 가격을 낮추는 결과를 가져왔다. 또한 인구가 줄어듦으로써 주택에 대한 수요가 줄어들어 임대료가 하락했으며 어떤 주택들은 버려지기도 했다. 1370년 프랑스의 릴에서는 경작지의 3분의 1가량에 해당되는 토지가 황무지나 폐허로 변했으며, 1420~1440년 사이 파리의 노트르담 다리 위의 주택 세 채 중 한 채는 폐가가 되었다.

여기에 더하여 1337년부터 시작된 백 년 전쟁은 상업에 심각한 타격을 입혔다. 영국과 교역을 하고 있던 도시들은 물론이고 그렇지 않은 도시들까지도 전쟁으로 인한 치안 부재 상태가 지속됨에 따라 상업의 안전을 보장받을 수 없게 되었다. 프랑스의 도시들은 백 년 전쟁에 따른 재정 부담을 져야 했으므로 도시의 재정 상태는 더욱 나빠졌다. 그러나 이러한 위기를 계기로 성장한 도시도 있었다. 영국의 도시들은 12세기 이래로 플랑드르 지방에 양모를 통째로 수출하였으나 백 년 전쟁으로 인하여 수출길이 막히자 양모를 직접 가공하여 모직물을 생산하게 되었다.

도시 내부로 눈을 돌려 보아도 상황은 비슷했다. 백 년 전쟁으로 인하여 도시는 성벽을 보수해야 했다. 도시가 확대된 이래로 새로운 성벽이 필요했으나 사회가 점차 안정되었으므로 자치 정부로서는 성벽을 거의 버려두다시피 했다. 상업이 위축된 상태에서 성벽 보수 비용을 마련하기란 힘든 일이었다. 이러한 위기에 대하여 상층 시민들은 다양한 방법으로 자신들의 이익을 지켰다. 12세기와 13세기의 경제적 발전으로 부를 축적하고 도시의 자치 정부를 장악한 도시의 상층 시민들은 14세기에 들어서면서 점차 폐쇄적인 집단으로 변모해 갔다. 조합에 대한 통제권을 가지고 있던 도시의 자치 정부는 조합의 정관을 엄격하게 적용하기 시작했으며, 장인이 되는 시험에 까다로운 규정들을 삽입해 직인이 상승할 수 있는 길을 막았다. 시행정관은 상층 시민들이 독점했으며 이들은 혼인 관계를 통해 강하게 결속했다. 이들의 목표는 귀족이 되는 것이었다. 이들은 이미 그 이전 시기에도 농촌의 토지를 구입함으로써 귀족과 같은 생활을 하고 있었을 뿐만 아니라 경우에 따라서는 귀족 작위를 받기도 했다. 14세기에 들어서 귀족이 될 수 있는 다른 길이 열렸는데, 그것은 관직으로 진출하는 것이었다. 국왕의 권력이 확대되면서 많은 관료가 필요해졌는데, 이러한 관직에 진출함으로써 귀족이 될 수 있었다. 또한 이들은 인구 감소에 따라 농촌의 토지를 싸게 구입할 수 있었고, 거꾸로 농촌의 영주나 부유한 농민들 역시 도시의 버려진 주택을 저렴하게 구입할 수 있었다. 어떤 이들에게는 위기가 곧 기회였던 것이다.

이와는 달리 중간층 시민들로부터 그 아래 계층은 더 궁핍해졌다. 임금 상승을 규제하는 노동자 조례로 인하여 인구 감소에 따른 혜택은 사라져 버렸고, 장인이 되는 것은 더 어려워졌다. 더 많은 수의 직인들이 급료를 받고 생활하는 노동자의 신세가 되었으며, 이들이 점차 늘어남으로써 임금은 더욱 하락했다. 더욱이 농촌을 탈출한 많은 농민들이 도시로 유입됨으로써 이들과 경쟁을 해야 했다. 이처럼 위기에 내몰리게 된 직인들이나 노동자들이 반란을 일으키는 경우도 있었다. 1328년 플랑드르 지방의 도시 반란이나 이탈리아 피렌체의 치옴피[10)의 반란이 그것이다. 이러한 반란들은 대부분 뚜렷한 조직이나 강령을 가지고 있지 않았기 때문에 곧바로 진압되었다. 어떤 이들에게 위기는 불행을 의미하는 것이었다.

교황과 교회의 권위는 어떻게 실추되었을까?

14세기에 벌어진 위기 상황은 종교에 있어서도 마찬가지였다. 기독교의 영향력이 점차 쇠퇴하게 되었던 것이다. 교회의 세력이 점점 커짐에 따라 하나의 정치 조직처럼 변해 갔고 이에 수반한 부패 또한 심해졌다. 13세기 말 교황 보니파키우스 8세(Bonifacius VIII, ?1235~1303)는 프랑스의 필리프 4세(Philippe IV, 1268~1314)와 성직자에 대한 과세권 때문에 싸

---

10) '치옴피(Ciompi)'란 모직물 생산 공정 중 양털을 빗질하는 과정을 담당한 소모공(梳毛工)을 가리킨다. 치옴피의 반란(1387~1381)은 상층 시민들이 도시 정부를 장악하고 점차 폐쇄적인 경향을 보이자 하층 노동자들이 이에 반발하여 일으킨 반란으로 중세 말 하층민에 의해 일어난 대표적인 반란이다.

웠고 급기야 프랑스 왕의 군대에 포위당한 채 죽었다. 뒤이어 등장한 클레멘스 5세(Clemens V, 1264~1314)는 프랑스 인으로서 프랑스 국왕 필리프 4세의 지원으로 교황에 올랐고, 이에 대한 보답으로 교황청을 프랑스에 인접한 아비뇽[11]으로 옮겼다. 이와 더불어 새로 임명된 추기경을 대부분 프랑스 인으로 임명했다. 이제 교황은 프랑스 국왕의 시녀가 되었다.

1377년 교황이었던 그레고리우스 11세(Gregorius XI, ?1329~1378)는 다시 로마로 교황청을 옮겼으나, 이듬해 사망했다. 이어 열린 교황 선거는 로마 시민들의 위협 속에서 치러졌다. 그 결과 이탈리아 인이었던 우르바누스 6세(Urbanus VI, ?~1389)가 선출되었다. 이렇게 되자 추기경단은 그해 가을 다시 모여서 지난번 선거가 위협 속에 치러졌으므로 무효이며 우르바누스 6세는 교황직을 내놓아야 한다고 했다. 그리고 새로운 교황을 선출했는데, 이번에는 프랑스 인이었던 클레멘스 7세(Clemens VII, 1478~1534)가 선출되었고, 그는 다시 교황청을 아비뇽으로 옮겼다. 그러나 로마의 교황 우르바누스 6세는 퇴임하지 않았고, 이리하여 교황이 두 명인 **'교회**

---

11) 오늘날 아비뇽은 프랑스 영토이지만 그 당시에는 신성 로마 제국 영토였다. 로마 교황청은 로마에서 아비뇽으로 옮겨 1309년부터 1377년까지 머물렀는데 이 시기를 '아비뇽 유수'라고 한다.

의 대분열'이 시작되었다. 1409년에는 피사에서 대분열을 끝내기 위한 공의회가 열렸고 로마와 아비뇽의 교황을 폐위시키고 새로운 교황을 선출했다. 그러나 두 명의 교황은 물러나지 않았고, 이리하여 교황은 세 명이 되었다. 중세 내내 교황은 태양과 같은 존재였으니, 중세인들이 보기에 하늘에 태양이 세 개나 떠 있는 셈이었다. 교황의 권위가 실추되었음은 물론이요, 기존 기독교에 대해서는 불신이 팽배하게 되었다.

기존 교회가 제 역할을 하지 못했으므로 기존 교회를 배제하고 개인적인 경건성을 추구하거나 이단이 나타난 것은 당연한 일이었다. 네덜란드와 북부 독일 지방에서는 신도가 하나님과 직접적인 교류를 할 수 있으며 개인의 영적 체험을 강조하는 신비주의 운동이 널리 퍼졌다. 그렇지만 이보다 더 영향력이 있었던 사람은 위클리프(John Wycliffe, 1330~1384)와 후스(Jan Hus, ?1372~1415)였다. 위클리프는 교회의 타락을 공격했고 후스 역시 교회의 형식주의를 비판하였다. 더욱이 이들을 따르는 신도가 많아지면서 점차 교회의 착취와 부유화에 반대하는 일종의 사회 운동의 성격을 갖게 되자, 로마 가톨릭 교회는 후스를 이단으로 몰아 처형하였다. 그러나 이단은 지속되었고 교회의 부패 또한 척결되지 못했다. 그리하여 결국 로마 가톨릭교회는 종교 개혁을 맞아야 했다.

6

백 년 전쟁은
어떤 변화를 가져왔을까?

- 백 년 전쟁은 왜 일어났을까?
- 중세 말에는 어떻게 싸웠을까?
- 잔 다르크는 어떻게 등장했을까?
- 중앙 집권적 국가는 어떻게 출현하게 되었을까?

백 년 전쟁은 왜 일어났을까?

1337년부터 1453년까지 무려 116년 동안 영국과 프랑스는 전쟁을 벌였다. 물론 이 기간 내내 전투가 벌어졌던 것은 아니었고, 각자 국내 상황에 따라 휴전과 개전을 반복했다. 백 년이라는 긴 기간 동안 벌어진 전쟁이었으므로 전쟁 이전과 전쟁 이후의 사회는 크게 달라졌다. **백 년 전쟁**이라고 불리는 이 전쟁을 거치면서 두 국가는 중세 봉건 국가로부터 벗어나 중앙 집권적 국가로 발전했고, 각각 서로 다른 민족의식을 갖게 되었다.

전쟁의 원인은 프랑스의 왕위 계승 문제에서 출발했다. 1328년 샤를 4세(Charles IV, 1294~1328)가 아들을 낳지 못하고 사망함으로써 프랑스의 카페 왕조의 직계는 대가 끊어

졌다. 987년 위그 카페 이후 300년 이상 카페 왕조의 왕들은
아들을 낳았으며 필리프 4세 역시 세 명의 아들과 한 명의 딸
을 두었으나, 그의 아들들인 필리프, 루이, 샤를은 모두 아들
을 갖지 못했다. 이리하여 왕위는 가장 가까운 남자에게 돌아
가게 되었는데, 왕위 계승권자는 필리프 4세의 조카인 발루
아 백작 필리프(Philip Vi, 1293~1350)와 필리프 4세의 외손자
인 영국 국왕 에드워드 3세(Edward III, 1312~1377)였다. 영
국 국왕 에드워드는 여성이 왕위에 오르는 것이 불가능하다
고 하더라도 그 여성의 아들은 왕위에 오를 수 있다는 주장을
폈다. 그러나 영국 국왕이 프랑스 왕까지 겸하는 것을 못마땅
하게 여긴 프랑스의 법학자들은 여성의 왕위 계승권을 부정
한 살리 프랑크 족의 오래된 관습[12]을 근거로 에드워드의 상
속권을 인정하지 않았다. 결국 1328년 발루아 백작 필리프가
왕위를 계승하여 발루아 왕조를 열었다. 비록 인정하고 싶지
는 않았지만, 멀리 떨어져 있던 에드워드로서는 필리프의 즉
위를 받아들일 수밖에 없었다.

---

12) 프랑크 족의 전통법인 살리 법(Salic law)에는 '여성은 토지를 상속 받을 수 없
다.'는 내용이 있는데 이를 아들만이 왕위를 이을 수 있다고 해석한 것이다. 그리
하여 샤를 4세의 여동생 이사벨(Isabella, 1295~1358)의 아들이자 영국의 왕이었던
에드워드 3세는 프랑스의 왕위를 잇지 못했다.

상황이 악화된 것은 프랑스 국왕이 플랑드르 백작령의 내부 문제에 간섭했기 때문이었다. 플랑드르 지방은 모직물 산업이 발달한 지역으로서 플랑드르 백작은 명목상으로는 프랑스 왕의 봉신이었으나 실제로는 막강한 경제력을 바탕으로 하여 거의 독립적인 군주나 다름없는 권력을 행사하고 있었다. 이곳에서 생산되는 모직물은 북유럽 전역으로 수출되었는데, 모직물의 원료가 되는 양모를 영국에서 수입하고 있었으므로, 플랑드르 지방은 영국과 이해관계를 공유하고 있었다. 이와 달리 프랑스 국왕은 플랑드르 백작이 자신의 봉신이었으므로 오래전부터 플랑드르 지방의 경제력을 자신의 통제권 아래 두고 싶어 했다. 14세기 초 플랑드르 지방의 여러 도시에서 수공업자들의 반란이 발생한 것을 빌미로 프랑스 국왕은 플랑드르 지방에 대한 간섭을 강화하려 하였다. 영국 국왕으로서는 프랑스 국왕이 플랑드르 지방에 대해 지배력을 강화하는 것을 묵과할 수 없었기 때문에 두 국왕의 관계는 더욱 악화되었던 것이다.

비록 왕위 계승을 둘러싼 분쟁이나 플랑드르 지방에 대한 지배권 문제가 있기는 하였으나 이것이 백 년 전쟁의 직접적이고도 가장 중요한 원인은 아니었다. 보다 더 큰 문제는 중세의 봉건적 토지 보유의 복잡성에서 비롯되었다. 영국 국왕은 오래전부터 프랑스 왕의 봉신으로서 프랑스 안에 토지를 보유하고 있었다. 1066년 영국의 노르만 왕조를 세운 정복왕 윌리엄(William I, 1028~1087)은 노르망디 공작이었으므로, 영국 국왕이 된 이후에도 노르망디 공작령을 보유하고 있었다. 또한 플란태지니트 왕조의 헨리 2세(Henry II, 1133~1189) 역시 앙주 백작의 후손이었으며 그의 아내 알리에노르는 아키텐을 보유하고 있었으므로, 그 이후의 영국 국왕들은 아키텐을 봉토로서 보유하였다. 이렇듯 영국 국왕은 혼인과 상속, 그리고 봉토의 교환을 통하여 봉토를 확대해 나갔으며, 14세기에 접어들 무렵에는 프랑스 남부 가스코뉴 일대에 넓은 토지를 보유하게 되었다. 봉건제하에서 이러한 토지 보유는 영국 국왕이 프랑스 국왕의 신하임을 의미하는 것이었다.

한편 프랑스 국왕들은 12세기 말 이래 줄기차게 왕령지를 확대해 왔는데, 이 과정에서 제후들과의 충돌을 피할 수 없었다. 따라서 영국 국왕이 프랑스 내부에 봉토를 보유하고 있는 한 프랑스 국왕과 영국 국왕의 충돌은 예정된 일이나 다름없었다. 1328년 발루아 백작 필리프가 필리프 6세로 왕위에 올랐을 때에도 마찬가지로 프랑스 국왕은 영국 국왕에게 봉신으로서 충성의 맹세를 할 것을 요구했고, 이에 대해 영국 국왕 에드워드는 문서상의 서약만을 했다. 여기에 대해 프랑스 국왕은 군사적 봉사를 포함하는 최고신서가 아니라는 이유로 1337년 가스코뉴 공작령을 몰수하기에 이르렀고, 에드워드는 이에 반발하여 군대를 파견함으로써 전쟁이 시작되었다. 이러한 점에서 볼 때 전쟁은 한 국가의 왕이라고 하더라도 다른 국가의 영토 내에 토지를 보유할 수 있는 봉건적 토지 보유 방식에서 비롯되었다고 할 수 있다. 한마디로 전쟁은 중세적인 요소로부터 시작되었던 것이다.

중세 말에는 어떻게 싸웠을까?

14세기 초 영국은 자원에 있어서 프랑스의 비교 대상이 되지 못했다. 1340년경 프랑스의 인구는 2100만 명이었고 영국의 인구는 겨우 450만에 불과했다. 그러나 전쟁 비용 조달 능력에서는 거의 비슷했고, 군대 체제에 있어서는 영국이 조금 더 효율적인 조직을 가지고 있었다. 프랑스는 중무장 기사를 주력으로 하는 기사군 체제였고, 영국군은 보병을 중심으로 한 용병대 체제였다. 두 나라 사이의 가장 큰 차이점은 발사식 무기에 있었다. 프랑스의 경우 석궁 부대가 있기는 했으나 매우 적은 수에 불과했고 발사 속도 또한 느려서 일 분에 두 발 정도를 발사할 수 있었다. 반면, 영국군은 장궁 부대를 상당수 보유하고 있었으며 이들의 발사 속도는 일 분에 열 발 정도로 빨랐을 뿐만 아니라 화살 역시 석궁에 비해 훨씬 더 멀리 날아갔다. 전술에 있어서도 영국이 더 효율적인 전술을 사용했다. 프랑스의 경우 기사대가 무리를 이루어 차례대로 공격하는 방식으로서 12세기나 13세기의 방식을 그대로 답습하고 있었던 반면 영국군은 기사 군대 사이에 궁사를 배치하여 이들을 보호함으로써 상대 기사 군대의 돌진을 저지하는 전술을 사용했다. 또한 영국군은 웨일스나 스코틀랜드와의 전투에서 풍부한 경험을 쌓은 사람들이 군대의 핵심을 이루고 있었다.

 전쟁은 영국군이 1337년 프랑스 서부 항구 도시인 보르도에 상륙함으로써 시작되었다. 그러나 전쟁 초기에는 영국군의 약탈 행위가 지속되었을 뿐, 10년이 지나도록 이렇다 할 큰 전투는 벌어지지 않았다. 전쟁 초기에 가장 큰 전투가 벌어진 것은 1346년 크레시에서였다. 1346년 여름 영국군은 노르망디에 상륙하여 약탈을 자행한 후 북쪽으로 거슬러 올라가 칼레를 통해 귀환하려고 했다. 그러나 필리프 6세는 기사 소집령을 내려 군대를 소집한 후 이들을 추격했다. 결국 피카

르디 지방의 크레시에서 이들은 전투를 벌였다. 영국군은 언덕 위에 창병과 말에서 내린 기사가 밀집대형을 이루도록 배치하고 이들의 양쪽으로 장궁부대를 배치했다. 오후 늦

1346년 크레시 전투 장면(왼쪽은 석궁을 사용하고 있는 프랑스군과 오른쪽이 장궁을 사용하고 있는 영국군)

게 크레시에 도착한 프랑스 군대는 적을 보고 주저해서는 안 된다는 기사도 정신에 투철하여, 지체 없이 언덕을 향해 달려갔다. 더구나 소규모의 무리를 이루어 차례대로 올라갔으므로 영국군의 장궁 앞에서 희생되었다. 이처럼 앞선 공격에서 실패했음에도 불구하고 프랑스 기사들은 무모하게도 똑같은 전술로 언덕을 짓쳐 올라갔고 영국 궁사들의 화살에 또 희생되었다. 이 전투에서 기사를 중심으로 이루어진 프랑스 군대는 수적 우세에도 불구하고 완전히 패배하고 말았다.

크레시에서 대승을 거둔 영국군은 훗날을 도모하기 위해 영국에서 가장 가까운 프랑스 항구인 칼레를 점령하여 교두보로 삼고자 했다. 영국군은 칼레를 포위하고 몇 달을 기다렸으나 해상으로부터 물자를 공급받은 칼레 시민들은 끝까지

저항했다. 결국 영국군이 해상 봉쇄를 하기에 이르렀지만, 칼레 시장을 비롯한 칼레 시민은 굶어 죽는 한이 있더라도 항복하지는 않을 것이라고 했다. 그러나 시간이 지나면서 더 이상 버틸 수 없게 된 칼레의 시장과 시행정관들은 자신들을 처형하고 시민들을 살려 줄 것을 요구했고, 이리하여 칼레의 시민들은 살아남게 되었지만 칼레는 1558년까지 영국의 수중에 남아 있었다. 500여 년이 지난 뒤 칼레 시는 이들의 헌신을 기려 로댕에게 의뢰하여 '칼레의 시민'이라는 조각상을 만들었다.

그로부터 10년 정도 대규모 전투는 벌어지지 않았다. 1348년부터 3년 동안 유럽을 휩쓴 흑사병이 전쟁보다 더 심각한 피해를 입혔기 때문이었다. 그러나 1355년 영국군이 칼레에 상륙함으로써 전쟁이 재개되었다. 프랑스의 국왕 장(Jean, II, 1319~1364)이 군대를 소집하자, 이 소식을 들은 영국군은 재빨리 브르타뉴로 도망을 갔고, 장은 군대를 해산했다. 그때 흑세자(Edward the Black Prince, 1330~1376)가 이끄는 영국군이 남부의 가스코뉴로부터 북부로 이동하면서 약탈과 방화를 시작했다. 장은 고향으로 돌아가 버린 군대를 다시 소집하여 흑세자를 쫓아갔다. 푸아티에에서 두 군대는 드디어 전투를 벌이게 되었다. 그러나 푸아티에 전투는 10년 전 벌였던 전투의 재판이었다. 크레시 전투와 한 가지 다른 점이 있다면 크레시에서는 말을 타고 진격을 했던 프랑스의 기사들이 이번에는 말에서 내려서 돌진을 했다는 점이었다. 크레시에서 말에서 내려서 싸워 이

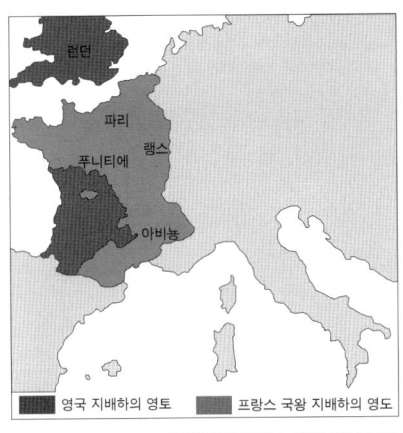

1360년경 프랑스 내의 영국 국토

긴 영국 기사들을 기억하고 있었던 프랑스로서는 말에서 내려서 전투를 하는 것이 유리하다고 판단했던 것이다. 프랑스의 중무장 기사들은 적진을 향해 돌진했으나 영국군의 궁사들이 쏜 화살을 피할 수 없었다. 게다가 무거운 갑옷을 입고 있었기 때문에 프랑스 기사들은 언덕을 올라가는 것만으로도 지치고 말았다. 프랑스의 많은 기사들은 전투다운 전투를 해 보지도 못하고 포로가 되거나 죽었고, 국왕 장마저도 포로가 되었다.

15세기에 펼쳐진 백 년 전쟁의 양상은 프랑스가 절망적인 상태로 빠지는 것으로부터 시작되었다. 1415년 영국 국왕 헨리 5세(Henry V, 1387~1422)는 노르망디에 상륙하여 아르플

뢰르를 함락시켰으나 전염병 때문에 귀환하고자 했다. 프랑스군은 여전히 소집령에 따라 집결하였으므로 시간이 걸리기는 했지만 영국군이 빠르게 이동하지 않았으므로 아젱쿠르에서 영국군을 만날 수 있었다. 영국군은 크레시와 푸아티에에서 했던 것처럼 궁사들을 양쪽에 배치하고 가운데 기사와 창병을 세웠다. 프랑스 군대는 여전히 기사도로 충만한 중무장 기사 중심의 군대였고, 크레시와 푸아티에에 이어 이번에도 기사도에 입각하여 전투를 벌였다. 적을 보고서 전투를 기다린다는 것은 기사로서 취해야 할 마땅한 행동이 아니었다. 소규모의 기사부대가 말에서 내려 먼저 공격을 했고 그 뒤를 이어 나머지 기사들이 두 부대로 나뉘어 공격을 했다. 석궁사들은 기사부대 뒤에 위치했으므로 전혀 활을 쏠 수 없었다. 게다가 비까지 내려 들판은 진흙으로 바뀌었다. 중무장 기사들은 진흙탕을 가로질러 영국군을 향해 달려갔지만 일부는 영국군의 화살에, 일부는 너무나 무거운 갑옷의 무게에 지쳐서 쓰러졌다. 겨우 영국군의 전열에 도달한 기사들은 지쳐서 싸울 기력조차 없었다. 크레시, 푸아티에, 아젱쿠르 전투에 이르기까지 중무장 기사를 중심으로 하는 프랑스의 전술은 번번이 패배했다. 이는 중세의 봉건제에 입각한 군대로는 전쟁에서 승리할 수 없음을 보여 준다.

아쟁쿠르 전투에서 프랑스가 패배함으로써 부르고뉴 공작(Dukes of Burgundy) 가문이 실권을 장악했고, 1420년 트루아 조약을 맺었다. 이 조약에서 프랑스 왕비였던 이자보는 세자 샤를이 사생아라는 진술을 강요받았고, 이에 따라 왕세자 샤를이 프랑스 왕위 계승권을 박탈당했으며, 헨리 5세는 프랑스 국왕인 샤를 6세(Charles VI, 1368.12~1422)의 딸 카트린과 결혼하며, 샤를 6세와 헨리5세가 사망하면 헨리와 카트린 사이에 낳은 아이가 프랑스와 영국의 왕위를 계승하도록 되어 있었다.

얼마 지나지 않아 트루아 조약이 현실화되었다. 샤를 6세와 헨리 5세가 차례로 사망함으로써 헨리 5세의 아들이 헨리 6세가 프랑스와 영국의 공동 왕으로 등장했다. 그러나 그는 나이가 어렸으므로 베드포드 공(John of Lancaster, Earl of Bedford, 1389~1435)과 글로스터 공(Humprey, Duke of Gloucester, 1390~1447)이 섭정으로서 각각 영국과 프랑스를 대리 통치하게 되었다.

잔 다르크는 어떻게 등장했을까?

트루아 조약에도 불구하고 샤를 6세의 아들인 세자 샤를은 프랑스 기사들의 지지를 받고 있었다. 그러나 소심하기 이를 데 없는 왕세자 샤를은 스스로도 자신의 출생에 대해 의심하고 있었다. 그러나 이때 프랑스 동쪽 샹파뉴 지방의 동레미라는 곳으로부터 한 처녀가 나타났다. 그녀는 천사가 나타나서 시농성에 포위당해 있는 세자를 구해 렝스까지 데리고 가서 대관식을 치르라는 계시를 받았다고 했다. 그 누구도 그녀의 말을 믿지 않았으나, 달리 방법이 없었던 프랑스의 기사들은 거의 포기하는 심정으로 소수의 군대를 딸려 보냈다. 그러나 놀랍게도 그녀는 시농의 포위를 뚫고 세자를 구해 왔다. 시골 처녀가, 그것도 그때까지 군사 훈련이라고는 받지 못한 처녀가 30여 킬로그램이나 되는 무거운 갑옷으로 무장을 하고 말을 타고 칼을 휘두르며 불가능해 보였던 일을 해낸 것이다. 프랑스 인들은 기적이 아니고서야 가능하지 않은 일이라고 생각했으며 잔 다르크가 계시를 받았다고 믿게 되었다. 이리하여 신이 자신들의 편이라고 믿게 된 프랑스 군대는 불과 몇 주일 만에 오를레앙을 비롯한 루아르 강변의 성들을 탈환했고, 마침내 세자 샤를을 모시고 렝스에 이르렀다. 1429년 7월 렝스를 점령했고 세자 샤를은 샤를 7세(Charles VII, 1403~1461)로 즉위했다. 잔 다르크는 여기서 멈추지 않고 파리까지 진격했고 그 이후 콩피에뉴에서 포로가 되었다.

샤를 7세는 포로가 된 잔 다르크를 위해 어떠한 일도 하지 않았고, 영국의 압력 아래 열린 재판에서 잔 다르크는 마녀로 판결을 받고 화형에 처해졌다. 몇 년 뒤 샤를 7세는 교회 법정을 열어 1429년의 판결을 번복하도록 했으나, 이것은 잔 다르크의 애국적인 행위에 감사해서가 아니라 그녀를 마녀인 상태로 놔두게 되면 국왕 자신이 마녀 덕분에 왕위에 오른 셈이 되기 때문이었다. 잔 다르크가 죽은 뒤 전쟁은 지지부진했고 1435년 아라스 조약으로 샤를 7세와 부르고뉴 공작은 화해하였다. 이로써 샤를 7세는 영국과의 전쟁에 전력을 기울일 수 있게 되었다. 그리하여 1450년 노르망디의 포르미니에서의 전투를 마지막으로 영국군은 거의 물러갔다. 포르미니의 전투에서 영국군은 과거와 마찬가지로 들판에 진을 치고 있었고 프랑스 군대는 과거와는 달리 새로운 전술을 사용했다. 그것은 먼 거리에서 대포로 적을 공격하는 것이었다. 그 타격 또한 정확하여 영국군은 궤멸했다. 프랑스는 노르망디를 점령한 이후 보르도에서도 승리를 거두었고, 1453년에 이르러서는 오직 칼레만이 영국군의 수중에 남게 되었다.

중앙 집권적 국가는 어떻게 출현하게 되었을까?

민족의식의 성장

백 년 전쟁으로 인하여 영국 국왕의 프랑스 내에서의 토지 보유는 사라졌다. 전쟁의 주된 원인이기도 했던 이러한 봉토 보유는 중세 봉건제에서는 일반적인 것이었다. 중세의 봉건제하에서 주군은 봉신으로부터 충성의 서약을 받고 봉토를 부여했는데, 이처럼 부여된 봉토에 대해 상위 주군이라고 하더라도 봉신의 영토에 간섭할 수 없도록 하는 **불입권**이라는 것이 존재했기 때문에, 국왕이라고 하더라도 자신의 영지, 즉 왕령지에 대해서만 권력을 행사할 수 있었다. 사정이 이러했으므로 프랑스 국왕이 영국 국왕에게 간섭할 수 없었고 영국과 프랑스 사이 영토의 경계 또한 모호할 수밖에 없었다. 이러한 모호한 경계선이 백 년 전쟁을 거치면서 점차 사라지고 두 나라의 경계선이 분명하게 되었다. 전쟁이 끝났을 때 영국 국왕이 보유하고 있던 프랑스 내 영토는 칼레에 불과하게 되었다.

국경이 확실해짐으로써 영국과 프랑스는 해협을 사이에 둔 서로 다른 국가로 발전하게 되었고 민족의식이 싹트기 시작했다. 영국군이 점령한 지역에 사는 프랑스 인들에게 있어서 영국군은 약탈자이며 거만을 떠는 이방인들로 비쳐졌고, 이런 사람들을 새로운 영주로서 받아들이기는 매우 힘든 일이었다. 이들에 대한 저항은 그 원인이 무엇이든 간에 일종의 민족의식을 동반할 수밖에 없었고, 모든 저항은 프랑스와 국왕을 위한 것이었다. 사실 그 이전의 전투는 기사들의 오락거리이거나 전리품을 획득하기 위한 것이었다. 그러나 잔 다르크는 오로지 국왕과 프랑스를 위해 싸웠고, 그 이후에 이러한 생각은 확산되어 영국군과 벌이는 모든 전투와 저항은 애국심에서 비롯되었고 국왕을 위해 싸우는 것이 되었다.

주종 제도의 쇠퇴

중세의 종말을 가장 뚜렷이 보여준 부분이 바로 전술에서의 변화라고 할 수 있다. 즉 기사도로 무장한 기사 군대의 비효율성과 그에 따른 기사 군대의 몰락이 그것이다. 크레시 전투와 푸아티에 전투, 아젱쿠르 전투에 이르기까지 프랑스 군대는 기사 중심으로 구성되어 있었다. 국왕이 전투를 하기 위해서는 봉신들에게 군사적 봉사를 요구하는 소집령을 내려야 했는데, 군대가 완전히 소집되기까지는 꽤 시간이 걸렸다. 이러한 시간의 지체를 제외하더라도 기사 군대를 중심으로 한 전술은 궁사와 보병을 중심으로 한 영국군의 전술에 번번이 패배한 거의 쓸모없는 전술이었다. 특히 영국군의 화살은 기사들의 갑옷을 뚫거나, 뚫지 못한다고 하더라도 기사가 타고 있는 말을 죽일 수는 있었다. 이에 반해 프랑스의 기사들은 무거운 갑옷을 지탱하는 데 지나치게 많은 체력을 소모해야 했고, 화살이 강하면 강할수록 갑옷의 두께는 점점 더 두꺼워졌으며, 이는 기사들의 움직임을 둔하게 만들었다.

전술상으로도 프랑스의 기사들은 중세적 기사도 정신에 충만하여, 적을 보면 용감하게, 그리고 곧장 전투에 임해야 하고, 계략과 같은 비신사적인 행위를 해서는 안 된다고 생각했다. 게다가 프랑스 군대의 유일한 발사식 무기인 석궁사들이 선두에 설 경우 그들이 전쟁의 공을 가로챌지 모른다고 생각하여 그들을 후방에 위치시킴으로써 무용지물이 되도록 만들었다. 이와는 달리 14세기 후반 프랑스의 원수였던 베르트랑 뒤 게클랭(Bertrand du Guesclin, 1320~1380)은 첩자를 활용하거나 기습 공격을 통하여 프랑스에 승리를 안겨 주었다. 요컨대 중세의 기사도에 입각한 기사 군대는 이제 효율적인 전투 집단이 아니었고, 그 자리를 장궁을 갖춘 보병 중심의 용병대에 넘겨주어야 했다.

더욱이 15세기 초에 들어온 대포는 결정적으로 기사들을 무용지물로 만들었다. 중세의 전투에 있어서 주요 전술은 농성이었다. 주요 지점의 성을 기지로 하여 적의 전진을 차단할 수 있기 때문이었다. 성을 공격하는 것은 많은 희생을 감수해야 하는 것이었으므로, 공격하는 군대는 대개 성을 포위하고 성안으로 반입되는 물자를 통제함으로써 항복을 얻어 내곤 했다. 그러나 대포가 등장함으로써 성문을 굳게 닫고 지키는 것으로는 적의 전진을 막아 낼 수 없게 되었다. 물론 초기의 대포란 발사 각도를 높일 수도 없었을 뿐만 아니라 너무나 무거워서 기동성에 있어서는 거의 무용지물이었다. 더욱이 위력 있는 포탄을 발사하기 위해 포탄을 장전하는 데에는 너무나도 많은 시간이 소모되었다. 따라서 대포의 사용은 성의 포위 공격에만 사용되었다. 즉 성을 포위한 공격군은 성문을 중심으로 대포를 반원형으로 배치시켜 성문을 깨부수는 전술을 구사했다.

이리하여 기사들보다는 용병이 중요한 역할을 차지하게 되었다. 그런데 백 년 전쟁 말기에 일자리를 잃은 용병들은 종종 도적떼로 변하곤 했다. 이러한 골치 아픈 문제에 직면한 프랑스 국왕 샤를 7세는 1445년 칙령을 통해 열두 개(나중에 열여덟 개로 증편) 부대의 상비군(Compagnie d'ordonnance)을 창설했다. 국왕으로부터 급료를 받게 된 칙령군 부대는 각각 100개의 랑스(lance)로 이루어져 있었고, 하나의 랑스는 기병,

검사, 궁사, 시종 등 여섯 명으로 이루어져 있었다. 각 칙령군은 하나의 지역을 담당하여 치안을 유지하거나 영국군 점령지를 탈환하는 역할을 했다. 이러한 상비군의 탄생이야말로 신속히 이용할 수 있는 무력을 국왕만이 갖게 되는 것을 의미했다.

신분제 의회

중세 말 국왕은 재정 수입을 늘리기 위해 성직자, 봉건 영주, 그리고 시민의 세 신분으로 구성된 신분제 의회를 소집하여 과세에 대한 국민의 협찬을 얻어 재정 수입을 확보했다. 이러한 제도가 가장 먼저 생긴 곳은 영국이었다. 영국의 귀족들은 존 왕이 프랑스 내의 영토를 잃었을 뿐만 아니라 귀족에 대해 강압적 태도를 보이자, 63조의 요구 사항을 제시하고 국왕으로 하여금 이것을 승인해 주도록 강요했다. 이것이 '**대헌장**(마그나 카르타, Magna Carta)'[13]으로서 영국 입헌 정치의 기초가 되었다. 1265년에는 시몽 드 몽포르(Simon de Montfort,

---

13) 1215년에 영국의 귀족들이 존 국왕에게 강요하여 왕권을 제한하고 제후의 권리를 확인한 문서를 가리킨다. 본래는 귀족의 권리를 재확인하기 위한 봉건적 문서였으나 17세기에 이르러 왕권과 의회의 대립에서 왕의 전제 통치에 대항하여 국민의 권리를 옹호하는 근거로 이용되었다. 영국의 입헌제의 기초가 되었을 뿐만 아니라 국민의 자유를 옹호하는 근대 헌법의 토대가 되었다.

?1208~1265)라는 제후가 반란을 일으킨 뒤, 자신에 대한 지지를 확보하기 위해 귀족과 성직자 및 도시 대표로 구성된 회의를 소집했는데, 이것이 영국 의회의 시초였다. 이러한 전통에서 1295년 영국 국왕 에드워드 1세(Edward I, 1239~1307)는 모범 의회를 소집했고, 14세기에는 귀족들의 모임인 상원과 도시 대표를 비롯한 평민들의 모임인 하원이 분리되었다.

프랑스의 경우 1304년 성직자에 대한 과세 문제로 교황과 대립하던 프랑스 국왕 필리프 4세가 자신에 대한 지지를 확보하기 위해 세 신분으로 구성된 회의를 소집했는데, 이것이 프랑스의 삼부회[14]였다. 프랑스의 삼부회는 백 년 전쟁 내내 전비 마련을 위해서 소집되었고, 국왕의 재정에 상당한 도움을 주었다. 그러나 프랑스의 삼부회는 15세기 말이 되어 왕권이 강해지자 소집되는 횟수가 줄어들었고, 소집된다고 하더라도 세금을 인정해 주는 거수기 역할만을 하게 되었다.

---

14) 성직자, 귀족, 평민 출신 대표로 구성된 프랑스의 신분제 의회이다. 필리프 4세가 소수 특권층인 사제·귀족·도시의 대표를 모아 놓고 노트르담 성당에서 개최한 것이 기원이다. 절대 왕정의 확립에 따라 폐쇄되었다가 1789년에 재개되었으나, 토의 형식을 둘러싸고 분규가 일어나 프랑스 혁명의 실마리가 되었고, 이 신분제 의회는 종식되었다.

새로운 제도의 확립

 절대 왕정의 한 요소로서 상비군과 관료제를 떠받치는 조세 제도의 확립을 들 수 있는데, 이런 점에서 백 년 전쟁은 큰 기여를 했다. 14세기 이전까지 프랑스에서는 신민 전체에 항구적으로 부과되는 세금이란 존재하지 않았다. 국왕은 자신의 영지에서 나오는 수입으로 살아가야 했다. 그러나 전쟁이 시작되자 국왕은 왕국을 방어하려는 자신의 노력에 모든 신민이 기여할 것을 요구했다. 그러나 신민의 기여, 즉 세금은 전쟁과 같은 '명백한 필요'가 있을 때에만 가능한 것이어서, 처음 세금이 징수되었을 때에는 그 기간을 일 년으로 한정하였다. 그러나 전쟁이 끝나지 않자 세금은 연장되었고, 빈번한 세금의 연장은 얼마 지나지 않아 사람들로 하여금 세금을 당연한 것으로 여기게 만들었다. 그리하여 1360년 국왕 석방금을 마련하기 위한 보조세 징수를 포고한 칙령은 신민의 동의를 언급하지 않고 있을 뿐만 아니라 징세 기간조차도 정하고 있지 않았다. 14세기 말에 이르러 국왕이 "그 자신의 뜻에 따라" 그리고 "우리가 원하는 동안" 그의 신민에게 과세할 수 있다는 것은 누구도 부인하기 힘든 현실이 되었다.

 백 년 전쟁은 과세의 확립과 더불어 관료제의 확립에도 도움을 주었다. 세금은 세 신분의 대표 회의라고 할 수 있는 삼부회에서 결정되었는데, 삼부회는 과세를 인정해 주는 대신 세금의 징수를 국왕 관료에게 맡기지 않고 삼부회에서 선출한 사람들에게 맡겼다. 즉, 세 신분에서 각각 세 명씩 선출된 모두 아홉 명의 총징세관(generaux elus)이 징수된 모든 세금을 관리하며, 각 교구(diocese)마다 두 명의 징세원을 선출하여 이들로 하여금 징세에 대해 책임을 지도록 했다. 그런데 이러한 세금이 징수될 때 마다 각 교구에서는 대개 전임자가 선출되었고, 징수원이라는 이들의 직위는 일 년에 한정된 것이었으나, 세금이 갱신되면서 이들의 직위 역시 연임되었다. 그리하여 조세가 항구화의 길로 접어들었던 14세기 말부터 징세원은 일종의 관료가 되었고 실제로 국왕에 의해 임명되곤 했다. 이리하여 백 년 전쟁이 끝난 이후 프랑스와 영국은 강력한 국민국가로의 첫걸음을 내디뎠다.

중세는 암흑시대였을까?

중세 유럽은 한마디로 기독교에 기반을 둔 봉건 사회였다. 그러나 이러한 사회는 15세기를 지나면서 바뀌었다. 이탈리아에서는 페트라르카(Francesco Petrarca, 1304~1374)나 보카치오(Giovanni Boccaccio, 1313~1375)와 같은 인문주의자가 등장하여 르네상스를 이끌었고, 영국과 프랑스는 백 년전쟁을 거치며 근대 국가로 나아갔다. 교회의 대분열은 콘스탄츠 공의회에서 일단락되기는 했으나, 가톨릭은 더 이상 자체적으로 개혁을 진행시킬 힘이 없었다. 그리하여 기독교는 종교 개혁을 통해서 새로운 사회에 맞는 형태로 변화하게 되었다. 그러나 이러한 변화는 사회 상층의 변화일 뿐, 인구의 대부분을 차지하고 있던 농촌 사회는 중세 시대와 마찬가지였다. 이 사회가 변하기 위해서는 산업 혁명을 기다려야 했다.

이처럼 변화된 사회에서 중세를 바라본다면 당연히 중세는 암흑시대라고 할 것이다. 마치 성인이 된 다음에 어린 시절을 돌아보면 그 시절이 유치해 보이듯이 말이다. 그러나 어린 시절을 지나지 않고서는 성인이 될 수 없듯이, 중세가 없이는 근대도 있을 수 없었을 것이다. 또한 성인이 되어서도 어린 시절에 형성된 버릇이나 습관이 남아 있듯이, 의회나 대학처럼 중세에서 기원한 것들이 오늘날에도 여전히 우리에게 영향을 미치고 있는 것을 볼 수 있다. 이러한 점들을 고려한다면, 독자들은 "중세는 암흑시대였는가?"라는 질문에 스스로 답할 수 있을 것이다.

연표

375년	동고트 족이 처음으로 이동하기 시작함.
476년	로마 제국 멸망
496년	프랑크 왕국의 클로비스 개종
732년	투르-푸아티에 전투. 카롤루스 마르텔이 이슬람 격퇴
752년	페피누스가 교황령 기증
800년	카롤루스 대제 서로마 황제 대관식
9세기	중반 봉건 제도 성립되기 시작함.
1096년	1차 십자군
1150년경	파리 대학 설립
1202~1204년	4차 십자군 원정, 라틴 제국 수립
1215년	영국 대헌장 성립
1295년	영국왕 에드워드가 모범 의회 소집
1302년	프랑스 삼부회 소집
1309~1377년	교황이 아비뇽으로 교황청을 옮김.
1337~1453년	백 년 전쟁
1348~1351년	흑사병 발생
1358년	프랑스의 농민 반란인 자크리의 반란 발생
1378~1417년	교회의 대분열
1381년	영국 와트 타일러의 반란
1429년	잔 다르크의 등장
1453년	동로마 제국(비잔티움 제국) 멸망
1455~1485년	영국의 장미 전쟁
1488년	포르투갈의 바르톨로메우 디아스 희망봉 발견
1492년	콜럼버스 아메리카 탐험
1517년	독일 루터의 종교 개혁

더 읽어 볼 책들

- 나종일 엮어 옮김, 『**봉건제**』(까치, 1988).
- 마르크 블로크, 한정숙 옮김, 『**봉건 사회 I**』, 『**봉건 사회 II**』(한길사, 1986).
- 김옥진 옮김, 『**기사도의 시대**』(가람기획, 2004).
- 앙리 피렌느, 강일휴 옮김, 『**중세 유럽의 도시**』(느티나무, 1997).
- 조르주 타트, 안정미 옮김, 『**십자군 전쟁**』(시공사, 1999).
- R. 제프리, 유희수 옮김, 『**중세의 소외집단**』(느티나무, 1999).
- 알랭 에르랑드 브랑당뷔르, 김택 옮김, 『**성당 : 빛과 색이 있는 건축물**』(시공사, 1999).
- 필리프 지글러, 한은경 옮김, 『**흑사병**』(한길사, 2003).

민음 지식의 정원 서양사편 003

중세
중세 유럽은 암흑시대였는가?

1판 1쇄 펴냄 2010년 11월 12일
1판 5쇄 펴냄 2020년 11월 11일

지은이 | 박용진
발행인 | 박근섭
펴낸곳 | ㈜민음인

출판등록 | 2009. 10. 8 (제2009-000273호)
주소 | 06027 서울 강남구 도산대로 1길 62 강남출판문화센터 5층
전화 | **영업부** 515-2000 **편집부** 3446-8774 **팩시밀리** 515-2007
홈페이지 | minumin.minumsa.com

도서 파본 등의 이유로 반송이 필요할 경우에는 구매처에서 교환하시고
출판사 교환이 필요할 경우에는 아래 주소로 반송 사유를 적어 도서와 함께 보내주세요.
06027 서울 강남구 도산대로 1길 62 강남출판문화센터 6층 민음인 마케팅부

ⓒ 박용진, 2010. Printed in Seoul, Korea

ISBN 978-89-94210-53-7 04900
ISBN 978-89-94210-50-6 (세트)

㈜민음인은 민음사 출판 그룹의 자회사입니다.